大学生法治素养教育研究

◎彭芳梅 著

湘潭大學出版社
XIANGTAN UNIVERSITY PRESS

前　言

在全面依法治国的背景下，大学生作为国家未来的栋梁和社会的中坚力量，肩负着推动社会进步、维护法治文明的重要责任。提升大学生的法治素养，不仅有助于他们更好地适应社会、实现自身价值，更能为我国法治建设培育一批具有法律意识和法律能力的合格公民。

我国将依法治国的基本方略写入宪法，明确提出要建设社会主义法治国家。在这一背景下，提高全民法治素养，特别是大学生法治素养，对于实现国家治理体系和治理能力现代化具有重要意义。

随着我国高等教育改革的不断深入，大学生教育的目标已经从单一的专业技能教育转变为全面素质教育的提升。在这一过程中，法治素养成为大学生必备的素质之一。在当前法治环境下，大学生在生活中、工作中都会遇到各种法律问题。提高大学生的法治素养，使他们具备运用法律武器保护自己合法权益的能力，对于大学生个人和社会都有重要意义。虽然我国法律教育资源不断丰富，但针对大学生的法律教育仍存在一定程度的不足。

本书将从多个角度入手，分析大学生法治素养教育的现状、问题及解决方案，旨在为教育界、社会各界提供有益的借鉴和建议。通过深入挖掘大学生法治认知的现状、教育体系的优化路径，力求为提升大学生法治素养贡献新的理论视角和实践经验。

在这个信息快速传播、社会变革加速的时代背景下，大学生法治素养的提升不仅是个人成长的需要，更是社会进步的关键。希望本书能够成为相关领域研究者、教育从业者以及关心青年成长的社会各界人士的重要参考，推动大学生法治素养的全面提升，为国家法治事业发展贡献智慧和力量。

目 录

第一章　大学生法治素养与法治素养教育概述

第一节　大学生法治素养的内涵

要开展大学生法治素养教育的研究，我们必须首先厘清大学生法治素养的概念。本节需要解决的问题是，本书的研究对象是什么？我们要培育的是哪种素养？以往对法治素养的理解是多种多样的，哪一种理解更符合我们需要的法治素养？笔者将从近似概念入手，分析它们之间的区别与联系，界定出一个恰当的研究对象。

一、法治素养与相关范畴的区别和联系

与法治素养密切相关的是法律信仰、法治信仰、法治素养、法治观念与法治思维。它们之间究竟是什么关系？我们所说的法治素养与这几个概念之间的联系和区别是什么？

（一）法律信仰、法治信仰与法治素养

早在古希腊罗马时期，人们就已经出现了对法律的信仰。12世纪时，罗马法复兴的大潮中，人们便继承并发扬了这种对法律的信仰理念。这

种理念，具体说来就是法律只有在人们心中生根发芽才能发挥作用，缺乏人们内心信仰的法律如同虚设。在当时，人们理解的法律包括了人的理性和意志。随后，人的感情、直觉等都被纳入法律的范畴。当然，更为重要的是包含人对法律的信仰。

随着时代的发展，人们对法律信仰、法治信仰的认识应该更为清晰。首先，就法律信仰的实质而言，它是社会主体对法律在理性认识基础上产生的一种感性心理，这种心理集中表现为对法的高度认同和信服。就法律信仰的作用而言，它不能只是一种社会治理的工具，当然也不是一种基于遵守规则而对法律条文的机械信仰，它实际上应该成为包含人们理性思考同时又极富人文关怀的价值体系，它的作用就在于能够在日常生活中指导人们进行选择，并将其上升为一种哲理思考。就法律信仰的来源而言，它必须是人们发自内心的信赖与遵守，这种信赖表现为人们在知、情、意三者上形成一种有机的统一体。因此，从这个角度而言，传统时期的人治是法律信仰的最大敌人，处在人治环境中的民众深感“天威难测”，对法的信赖和神圣感更无从谈起。再进一步而言，人们对法律的感觉必须来自人们的日常生活，即与法律相关的法治实践。其次，我们还可以对法律信仰进行分类。就人们对法律信仰的态度而言，可以有绝对法律信仰与理性法律信仰两类。前者强调“绝对”二字，不容许人们对法律有丝毫的质疑与不满；后者则强调“理性”，即在对法律精神信赖的基础上对目前的法律条文进行合理的质疑。同时，也可以根据主体的不同将法律信仰分为多种类别，与本书密切相关的是大学生法治信仰。大学生的法治信仰应包括学生主体对法治发自内心的相信与在日常生活中的行动遵循。

法律信仰，是指法律必须在日常实践中被公众发自内心信仰。这种信仰的情感包括人们对法律在心理上的信赖，也包括人们在实践中将其作为最高准则不断践行。所谓法治素养，指的是民众对法律信仰在心理上的认可、在实践中的追求和在情感上的信奉。这是对法律意识的进一步发展，对法律知识的践行。因此，法律信仰是我们法治素养教育的第一步。“千里之行，始于足下”，法律如果都不能被信仰，那么提高法治素养就是空谈。法治素养就是能够自觉地去运用法律法规约束和规范自己的行为，将法律铭记在心，从内心真诚地认同和崇敬法律。

（二）法治观念与法治素养

严存生指出，法治观念指的是人们内心对法治的设想，指法治是什么和法治具有什么价值的认识，以及在此基础上人于内心积淀而成的观念。有学者指出，法治观念是对法治精神追求的概括象征，是指导人们进行法治实践的思想基础、基本原则和价值追求，关乎对法的态度和对法律的信仰程度。法治观念不是一成不变的，它应当随着相关理论和社会现实的发展而不断丰富完善，实现对前一阶段内容的“扬弃”。就目前的情况来说，它应该是一个容纳多种内涵的多面体，既有对宪法和其他法律观念的遵守，又有对权利与责任的认识，也包含了民主参与和平等意识等综合素质。

法治观念的基础是人们对法律的学习与理解。提高法治素养必须“尊法”“学法”“守法”和“用法”，树立法治观念，掌握法治观念的基本原则，可以说法治观念是提升法治素养的必经之路，但法治素养不仅仅是学习法律知识，更重要的是把法律知识融会贯通之后付诸实践，这是它们的根本不同。

（三）法治思维与法治素养

在法治思维的诸种要素中，最核心的就是以法律为行为标准，具体来说就是将法律作为社会主体处理各项事务的基本准则。从这里我们可以看出法治思维实际上是对法律的推崇，要求不仅在心理上尊重法律，更要在实际生活中运用法律。法治思维究竟如何定义？我们知道，在现代社会生活中，法治已然成为民众处理生活事务的思维方式。既然有法治社会的客观存在，那在主观思想中就必然会存在相对应的法治思维与法治理念。其中，法治思维与法治理念相辅相成，一表一里，是法治社会在人们思想上的两个侧面。具体来说，法治思维就是人们对法律有所理解之后，运用法律的相关原则和精神来解决日常生活中遇到的问题的思维方式。正如真正的自由是受到约束的自由，法治思维也是一种受到约束的思维。这种约束的力量主要来自相关的规范及程序。法治思维集中表现为对权力的约束和限制，具有强烈的理性色彩，它常常以逻辑推导的形式来发挥作用。

从现实角度来讲，法治思维是基于建设社会主义法治国家的基本要求，认识法律现象、依法判断是非、提升法治观念的一种逻辑化的理性思维方式。它必须在法治理念的指导下，遵守法律的逻辑，以相关法律的规范、原则和原理去观察、理解并解决社会生活中遇到的各种问题。这种思维的支撑是法律的规范，体现的是理性的法律逻辑。《思想道德修养与法律基础》中指出，法治思维是指以法治价值和法治精神为导向，运用法律原则、法律规则、法律方法思考和处理问题的思维。

综上所述，法治思维不仅要包含法治的各项要求，同时必须以理性的逻辑为支撑。法治思维不仅包括在实践中运用法律的方法和能力，也包含法治实践以及实践中获取的经验。因此，法治思维不仅是思想性的，更是实践性的。它注重的是解决现实生活中的法律问题。但需要注意的是，法治素养比法治思维的内涵要丰富，不仅包括了解决问题的素养，还包括了从“尊法”“学法”“守法”到“用法”整个过程，可以说把法治素养运用于实践的最直接表现就是用法治思维去解决问题。

（四）法律素养与法治素养

法律素养，既要求人们拥有相关的法律知识，也要求人们形成尊重法律的心理，更要求人们拥有运用法律的能力。法律素养也强调实践性，强调人们利用法律来处理事情。简单来说，法律素养就是人们对法律知识的理解、态度和运用。它最起码的要求是民众对法律知识的学习和理解，并在此基础之上形成法治思维和法律信仰。法律素养应该包括以下几个方面的含义：①对于法律文化有着相当积累，理解传统，并具有历史意识。②对于法的意义、价值和社会的发展与秩序有着深切的关注。③重视法的完整性，反对对法的肢解与割裂；承认并自觉守护法的至上性。④尊重个人的价值，追求自我实现，重视人的超越性向度；崇尚“自由意志和独立人格”，并对个体与人类之间的关联有相当的认识，从而形成人类意识。⑤能够自觉地守护和践履社会的核心价值，诸如公平和正义。具体到本书关注的领域，大学生法律素质是对大学生掌握法律知识、增强法律意识、运用法律能力的统称。

法律素养和法治素养的概念颇为相似，他们都强调法律的实践性，即强调人们运用法律来解决现实生活中遇到的问题。但两者也有差别，相较而言，法治素养更强调对法律的尊重和信仰。

就社会个体而言，法治素养主要表现为对基本法律知识的掌握和在日常生活中的运用，这实际上是一个由浅入深的过程，是法律意识不断提升的过程。这个过程以对法律知识的学习和掌握为起始，以法治思维和理念的形成为进阶。从集体角度来说，法治素养还应当包括公民对国家法律制度的态度。当然，这种态度需要经过对法律知识的学习、理解和实践，并在此基础上对国家法律制度以及制度背后的价值取向有所了解。换句话说，公民法治素养需要公民在日常生活中不断学习、实践，并在学习和实践的过程中，认识和了解现代民主国家的法律规则、法律制度，把握法律制度中蕴含的价值追求。法治素养格外强调的是实践，强调人们在日常生活中对法律规范的运用。如公民从小养成的不横穿马路、不闯红灯等遵守交通规则的习惯，在生产生活中遇到冲突不使用暴力、遇到纠纷去查找法律的习惯，都是法治素养的一种具体表现。

就大学生而言，由于大学生处于社会和学习的交替阶段，其法治素养教育更有独特的意义。大学生法治素养教育应当是一个知行合一的过程，是大学生三观教育极为重要的一个组成部分。在大学生日常的学习生活中，法治素养更强调通过对法律知识的学习，加深对法律本质的理解，进而形成法治思维，并运用这种理性的思维来处理生活中的问题，明确自己的权利和义务。

以往，学界对“法治素养”的关注主要集中在学习和运用法律知识上，未能结合法治素养、法治观念、法律信仰、法治思维、法治素养的联系和区别，在某种程度上来说有一定的局限性。

二、法治素养概念的考察

习近平总书记在党的十九大报告中提出“提高全民族法治素养”的重要要求之后，有关的研究逐渐增多，基于此，笔者着重分析法治素养这一概念内涵不断丰富的过程。

（一）“法治素养”概念的初步成型

新形势、新任务、新要求对大学生法治观的教育提出了新的要求，法治素养也成为人们时常提及的话题，法治素养的概念也基本成型。

党的十八届四中全会《中共中央关于全面推进依法治国若干重大问题的决定》中先后两次提到“法治素养”，也就是“在相同条件下，优先提拔使用法治素养好、依法办事能力强的干部”“强化官兵法治理念和法治素养”。但在这两处不难发现法治素养的适用对象是国家工作人员。对于公民的“法治素养”，仍以“提高公民法治意识”表述。习近平总书记在党的十九大报告中首次提出“提高全民族法治素养”，将法治素养扩展到全民族。

2018年3月5日，十二届全国人大常委会副委员长兼秘书长王晨向十三届全国人大一次会议作关于《中华人民共和国宪法修正案（草案）》的说明时，认为从健全社会主义法制到健全社会主义法治，是我们党依法治国理念和方式的新飞跃。“法制”变为“法治”用国家根本法的形式予以确认，这说明将法制素养或法治素养等概念一并规范为通行意义上的“法治素养”是十分必要的，其使用范围也要扩展到全民族和全体公民。

就现实中的情况来看，大学生存在整体法律素质不高、对法的认识相对片面、整体法治观念依然模糊、法律运用能力不强等问题，而法治素养教育则存在教育效果没有满足大学生的需求、目标定位不明确、内容片面、教学形式单一等问题。“思想道德修养与法律基础课”作为培育大学生法治素养的重要渠道，无论是教学前的准备、教学的内容还是教学后的考评，都有亟待完善之处。

作为高等教育的前沿阵地，高校也承担着法律知识的普及和法治文化的营造等诸多任务。大学生是高校教育的主要群体，对他们法治素养的教育以课程引导为主，让他们主动地发现问题并理性思考分析。大学生法治观念的形成与契约精神关系密切，两者相互促进。在这一教育过程中，我们可以引入教育主管部门的力量来进行监督和引导。在教育平台上，高校“思想政治理论课”体系相对比较成熟，并且与法治素养关联密切，开展法治素养教育的优势明显。在具体的内容选择上，高等学校应当不局限于法律基础知识，要与风险社会理论结合。从个体的自律、价值观的形成、法治素养教育课程以及群体理性秩序的形成等路径，对大学生进行法治思维教育。针对以上提到的思想政治理论课程中存在的诸多问题，我们可以从形成完善的课堂教学内容、建立强有力的法治教学队伍、充分利用网络信息技术这三个角度来优化对大学生的法治素养教育。大学生法治素养教育也可以结合大学生自身的迫切需求。对大学生来讲，创业是必须跨越但又充满挑战的一步，高校完全可以开展创业法治素养培训，通过相关的课程为大学生的创业保驾护航。

但这种初步成型的法治素养概念实际上是由过去的教育经验归纳而来，对当下社会的新发展反映不足。例如，在当前自媒体环境下，大学生法治素养教育也会面临新的问题。自媒体的开放性导致媒体质量良莠不齐，大量信息裹挟社会错误思潮，对大学生造成不良影响；自媒体的平等性“去中心”，模糊了法律规定的边界；与此同时，自媒体管理尚不完善，不能及时跟上时代的发展，对负面信息充斥的局面不能有效治理。对社会主体而言，网络的高度发达使得包括大学生在内的社会集体丧失了理性思考的能力，对网络高度依赖。同时，互联网的虚拟性又带来虚拟自由的泛滥，使得民众对网络法规的监管产生不适应。大学生尚未真正步入社会，生活经验不足，没有足够的能力应对个人信息的泄露、网络电信诈骗增加等风险。诸如此类，都给大学生法治素养教育提出了难题和重要任务。可以说，信息化是“互联网+”时代大学生法治素养教育的最大特色与不得不面临的机遇和挑战。

（二）大学生法治素养内涵在宏观层面上的丰富

新形势、新任务、新要求对大学生法治素养教育提出了新的要求，大学生法治素养的内涵也随之丰富，这首先表现在宏观层面上。

应当看到大学生虽然有独立的思考能力和较高的素质，但由于法治素养教育的不足，有些大学生的法治素养还十分欠缺，甚至对基本的法律常识认识不清。在具体的步骤上，法治素养教育的教学内容应该围绕三个核心：法律条文、法律案例、法律实践。实践则是检验法律学习的根本标准。在法治素养教育的效果反馈上，要真正落实知行合一的评价。不能仅仅评估大学生是否掌握了课堂学习的法律知识，更要考察大学生的法治实践，通过日常生活中的法律行为评估是否形成法治思维，是否拥有法治能力。

思想道德与法治素养一直以来都是紧密联系在一起的。就目前高校的教育模式来看，我国的思想道德和法治素养的教育尚不完善。当前，随着全民文化水平的提高，政治社会化已成为必然趋势。大学生是未来社会建设的精英，更是政治社会化的主体。高校应当积极主动将思想道德和法治素养的教育提上日程，从宏观层面把握法治素养教育与政治社会化大趋势之间的联系。

大学生法治素养教育一直是研究的热点话题，有调查研究指出，法治素养欠缺的问题在大学生中表现比较突出，大学生法治素养亟待提高。鉴于此，高校应当从具体情况出发，开设法律基础知识课程，尤其要重视宪法和相关法律的学习。大学生法治素养教育应当与思想政治理论课程密切结合。法治素养教育离不开校园法治文化的建设，要在文化熏陶中春风化雨、润物无声。尤其要重视文化传播的平台，关注互联网技术的发展，利用互联网提高法治文化的传播力、引导力和影响力。

与日新月异的网络技术相适应，大学生网络法治素养成为学者关注的问题。网络技术的发展对人们的日常生活产生了巨大的影响，以往交流与沟通的漫长等待缩短为瞬间。大学生是我国网络使用的主要人群，但他们的法治意识欠缺，对网络违法行为认识不足，对在网络中的权利与义务也缺乏明确的认知。因此，必须加强大学生网络法治素养的教育，不仅要教育他们学习网络安全法律知识、提高网络法治意识，更要引导他们学会网络自我保护、抵制网络违规违法。

如众所知，高校承担着传播法律知识、弘扬社会主义法治文化的重任，要把习近平总书记关于全面依法治国的重要论述作为开展大学生法治素养教育的根本遵循。提升大学生的法治素养，是提高全民族法治素养的关键一步，是新时代高校的历史使命。将学生法治素养的完善纳入高校思想政治教育的内容体系，是适应新时代建设社会主义法治国家的必然要求。

（三）大学生法治素养内涵在微观层面上的细化

大学生法治素养教育成为持续性的研究热点，研究趋势更加细化，集中体现在概念细化、路径细化、教育主体细化、课程设置细化等方面。

首先，我们来看大学生法治素养教育在内涵上的演变脉络。梳理法治素养教育的演变脉络，最初是法纪教育，只是对法律条文和相关纪律的灌输教育；然后是法制教育，在法律教育中融入了制度的底色；如今是法治素养教育，上升为对法治思维和观念的引导。这样的演变与我国民众文化水平不断提高、基础教育不断进步的发展相适应，这样的提升更是我国法治建设实践不断进步的必然结果。具体到大学生法治素养教育，新中国成立以来大致可以分为启蒙搁置、恢复发展、全面推进三个阶段，从中可以概括出大学生法治素养教育与国家法治建设实践同步、围绕国情特征展开、与教育事业并举这三个特征。人们会对大学生法治素养究竟是什么，大学生法治素养教育应该属于高校教育中的什么体系，它究竟包括哪些内容等问题会有新的认识。

大学生法治素养概念也在微观层面上不断细化，这首先表现在对概念的辨析上。在法治素养概念的认识上，此前的研究多集中于法治素养教育与法制教育的区别，从两者的概念内涵上进行对比分析。近来，在内涵分析的基础上，学者开始从法治与法制的外延入手，推动研究向更宽和更深的方向发展。从“法制”到“法治”的表述变化显示出深刻的法理韵味和教育蕴含，这意味着相关教育理念的改变。首先是法治理念的教育价值在学校中的复位，法律从工具变成了一种信仰，对法律的认知不仅仅是条文，更是渗透到生活的各个方面的动态文化。其次是法治素养教育中人本价值的回归，法律不是束缚人性的枷锁，而是实现人权保障、全面发展的手段。同时，法治素养独立于思想政治素养也成为可能。关于大学生法治素养的概念，由于大学生的特殊性，决定了法治素养教育是主要的教育手段。大学生法治素养教育是一个知识、观念与行为三位一体的系统，最终目的就是要将法治写入大学生的心中并为之践行。概念的细化还表现在具体问题具体分析上，对法治素养的内涵不能笼统概括，而要针对某一类学校或学生群体进行探讨。

大学生法治素养教育路径的探讨是非常重要的内容。法治宣传教育要点有四：一是明确宣传的对象，突出需要重点关照的人群；二是需要利用新媒体平台，方式方法不断创新；三是科学研究，同时进行宣传，保证宣传内容的科学准确；四是打造一支有力的宣传队伍，确保宣传常态化。具体到大学生法治宣传教育，就目前情况而言，我国高校的法治素养教育存在课程设计不合理、师资力量不完善、法治素养普遍缺失、法治观念更新缓慢等问题。针对这些问题，目前的措施多集中在高校法治素养教育体系完善、师资团队建设、大学生法治理念教育这三个方面。当然这些还是不够的，高校对“第二课堂”重视不够，应积极开辟法治素养教育的第二课堂。要利用大学生创业的契机，将法治素养教育贯穿其中，这能够提升大学生在创业过程中的法治素养，也能够提高大学生创业的质量，一举多得。另外，在大学生法治观念养成的路径方面，要重视发挥高校辅导员队伍的功能和作用。高校辅导员不仅在生活中帮助大学生，更在思想上引领大学生，高校辅导员的工作有多个维度，其中提升大学生的法治素养，是高校辅导员工作的重要方面。

大学生法治素养教育是一个长期的工程，不能仅靠学校来完成，法治素养教育的主体更需要细化。基于大学生法治思维教育的内涵与基本特征，大学生法治素养教育应当以政府为主要引导，高校为主要阵地，社会为主要平台，使政府、高校和社会共同参与进来，多主体进行良好的互动。政府为大学生法治素养提供保障，高校提供师资与课程资源，社会提供实践资源。

在与学生息息相关的课程设置上，更需要不断细化和深入。目前，我们已经认识到，大学生法治素养教育非常关键的一点是要形成牢固的法治思维。法治思维的形成又以权利与义务的行为模式为内容重点，以课堂教学和实践教学为主要手段，但是在相关课程设置上体现得不够。如有些思想政治理论课程本身涉及法治的知识就比较少，又加之教师知识背景限制，课程难以“入脑入心”。因此需要提升教师队伍法治素养，改革创新实践教学。在课程教学方式上，北京大学“政府与法律”课程给我们提供了一个非常好的范例。北京大学围绕大学生法治素养教育认真设置课程，在学生研讨、阅读法治书籍、进行法治实践方面作出了有益尝试，创新教学模式，值得认真总结并加以推广。

除了课程设置，与大学生密切相关的就是网络世界。发达的通信网络已经不是新鲜事物，但网络自身的更新也会引起一系列的调整。大学生网络法治意识的教育，是高校立德树人任务落实和目标达成的重要方面，不仅对大学生个人成长发展有益，更能营造充满正能量的网络环境。与传统网络不同，我们更应该关注近年兴起的“自媒体时代”。因此，需要提升法治素养教育的针对性、建立健全法律课程体系、引导学生开展自我教育等。

法治与道德是涉及法治素养教育的根本性问题，在这个问题上的认识也需要细化。对道德的理解不能停留在抽象层面上，而要将其具体化，只有具体化的道德才具有可操作性。应当平衡好道德与法律的关系，警惕泛道德主义、道德虚无主义和道德相对主义。

此外，人们法治素养教育的认识也在不断细化，这或许可以为大学生法治素养教育提供一些新的理解。在公务人员的法治素养教育方面，法治思维教育的主要内容划分为法治思维重要性教育、规则思维教育、合法思维教育、程序思维教育、权限思维教育、善治思维教育等方面。优化法治环境、建立常态化的法治思维教育体系、构建法治监督体制和追责体制等是保障法治思维教育的措施。

就目前的情况来看，对法治素养教育的认识逐渐朝细化的方向发展。虽然不乏宏观上的理解，但更多时候关注的是更为具体的问题，或是对概念的辨析与拓展，或是对某一类学校、某一类学生群体的探讨，又或是具体到某门课程的设置与安排。同时，也要紧跟社会的发展，敏锐地发现新形势下的新问题。需要注意的是，法治素养教育的研究在不断深入、论文数量不断增加的同时，也开始呈现出“千篇一面”的弊端。例如，许多研究最后给出的措施总是相似的几条，人云亦云，停留在低水平的重复。还有一些研究对问题的探讨浅尝辄止，并不深入。例如很多文章都提到要提高教师队伍法治素养，但在具体的措施上，观点乏善可陈，具体操作起来仍旧十分迷茫。因此，可以预见，法治素养教育方面的研究，仍需不断细化，在已有的基础上充实相关的理论。

三、大学生法治素养概念界定

在分析法治素养与其他几种相近概念的联系与区别之后，笔者对法治素养的概念进行了简单的考察。下面，笔者对大学生法治素养进行界定，考察它具备哪些要素、具有怎样的组成结构以及内化与外化等，以便分析调查有的放矢。

（一）大学生法治素养的要素

法治素养关乎国家治理的质量水平，关系社会发展与和谐稳定，关系大学生综合素质的提升。习近平总书记强调，法律是治国之重器，法治是国家治理体系和治理能力的重要依托。党的十八届四中全会“将法治素养教育纳入国民教育体系”；党的十九大报告指出，全面依法治国是中国特色社会主义的本质要求和重要保障；提高全民族法治素养和道德素质。党的二十大报告指出，全面依法治国是国家治理的一场深刻革命，关系党执政兴国，关系人民幸福安康，关系党和国家长治久安。必须更好发挥法治固根本、稳预期、利长远的保障作用，在法治轨道上全面建设社会主义现代化国家。纵观古今中外的人类历史，公民法治素养成为文明社会公民素养教育的重要组成部分。对于公民个体而言，法治素养形塑了其人生道路的方向；对大学生而言，他们正处在从学生向成人转型的关键时期，已经一只脚踏入社会。他们的知识水平、实践能力、思想政治水平、道德素养等方面在青年群体中相对较高，是未来社会主义建设的主力军。提升大学生法治素养，关键在于充分了解法律知识和理解法律法规背后蕴含的价值观，在于充分运用法律知识及技能开展实践工作、践行法治观念，在于充分利用法治素养提升个人综合素养，为中国特色社会主义法治建设贡献自身的正能量。

法治素养是大学生素养必不可缺的一部分。素养，《辞海》解释为“平素的修养”。素养并非先天所得，乃是后天环境熏陶而来。关于素养的概念，笔者从素养一词的本义以及组成维度进行梳理。在词的本义上，“素养”的含义比较丰富。赵洪海等在编著的《面向21世纪中小学素质教育论纲》中将“素养”定义为：人在先天生理的基础上后天通过环境影响和教育训练所获得的、内在的、相对稳定的、长期发挥作用的身心特征及其基本品质结构。张华将素养定义为：人在特定情境中综合运用知识、技能和态度解决问题的高级能力与人性能力。张紫屏引用了OECD（经济合作与发展组织）对“素养”的界定，并进一步引申解释为，“素养”是指整合了个体在具体和一般领域的知识和技能、能力、态度或价值观在内的，应对或解决复杂现实问题过程中表现出来的能力，并认为“素养”体现为在新的动态情境中迁移和使用知识与技能解决复杂问题的能力，这种能力的发展由经验驱动，受情境影响。关于素养的构成维度，有学者认为，素养是知识、技能、态度的超越和统整，是一整套可以被观察、教授、习得和测量的行为。褚宏启则认为，素养是人在真实情境中作出某种行为的能力或素质，而任何行为，都不是单一维度的知识、技能、态度所能支撑的，需要三者统合方能达成，素养=（知识+技能）×态度，亦即C=（K+S）×A。

综上，笔者认为，所谓素养，是指在长期的教育实践过程中形成的知识、思维、能力等方面修养特征及其品质结构。

法治，《辞海》释义为：依照法律治理国家。《现代汉语词典》释义为：根据法律治理国家和社会。张文显教授认为，完整意义的法治包括三个层次，即法律体制、法律制度和法治文化。庞正认为，法治是一个实践的概念，道德上的理想与政治上的抱负是法律应该担当的使命，而法治所关心的是法律统治地位的确立与法律的有效实施。郑成良认为，法治实质上是一种思维模式，表现在人们自觉地、经常地按照法治的理念来思考问题，并采取与法治理念相一致的普遍行为方式。杨忠明认为，法治就是指在民主的前提下，尊崇法律至上，以法治国。本书将法治定义为：法治是现代社会治理的方式，遵循法律制度、法律体制、法律文化为内涵的价值观，具有很强的实践性。

法治素养是公民适应社会生活的必备素养，是法治在个人日常生活中的具体实践和表现。李林、莫纪宏认为，所谓“法治素养”的要求是在知法守法上做到“知行合一”，既要掌握法律知识又要践行法治精神。杨忠明、何艳直接将法治素养界定为人们通过学习、训练和实践后对法治含义的理解，对国家法律价值的取向、法律制度的认识，以及对国家法律制度所持有的态度和信念。李昌祖、赵玉林认为法治素养是指人们在日常生活中通过学习和训练，对现代民主国家中的法律规范、法律确立的制度、法律追求的价值的认识、理解、运用能力和信奉心态。齐琳琳认为，个体的法治素养是通过其掌握、运用法律知识的技能及其法律意识表现出来的，不仅包括法治素养教育层面的学法、知法和懂法，还包括法治的思维、理念和方式等丰富内涵。

就已有成果来看，学者一般从构成要素以及相关维度上来理解大学生法治素养。杨忠明、杨强根据《青少年法治教育大纲》要求和目标，认为大学生的法治素养是由法律知识、法治认同和法律能力三个方面组成的。骆郁廷、杨婷把大学生的法治精神境界分为法治意识，法治思维、法治信仰三个层次。大学生法治素养究竟该如何理解？本书认为，要准确理解大学生法治素养，就必须将公民素养通盘考虑，同时结合大学生的特征。

（二）大学生法治素养的结构

法治知识、法治思维、法治信仰、法治精神、法治能力和法治行为，构成了大学生法治素养的六个基本要素。需要注意的是，这六者之间相互依存、相辅相成。丰富的法治知识为各项能力要求的基础，只有具备了丰富的法治知识才可能树立严谨的法治思维。具备了丰富的法律知识后，在严谨的法治思维的影响下，大学生才能逐步积累健全的法治能力，在法治能力健全的基础上树立健全的法治精神、坚定的法治信仰，从而达到自觉践行社会主义法治行为的要求。

1.法治知识

大学生通过不断学习法治知识，才能更好践行中国特色社会主义法治行为，将其更全面地内化为法治精神，进而树立牢固的法治信仰。一旦轻视法治知识的积累，没有足够的法治知识做铺垫，法治素养自然也就成了无本之木、无源之水。对高校而言，应该在大学课程设置中设计法律教育专题课，尤其是与个人专业和未来职业发展规划相关的法治知识。对大学生而言，首先，必须对中国特色社会主义法治有所了解，进而概括其规律，有效积累相关法治实践经验。其次，要了解中国特色社会主义法治建设中与宪法有关的法律常识，学用一体，将与自身未来发展有关的法治知识及思想道德相结合，把法治知识转化为专业技能与职业素养，顺应中国社会主义法治建设的发展规律，为个人法治素养的提升打好基础。

2.法治思维

思维决定出路，行为体现素质。具体说来法治思维是掌握法治知识后的一种升华，不仅要熟悉基本知识，更要有规则意识，能用法治知识来主导思考并将其应用到实际生活中解决问题。法治思维是一种思维方式，最突出的一点就是规则意识明显，以法律的规定来要求自己，思考和决定前以遵循法律为根本出发点，以违法的后果为行为的警戒线。大学生要依靠规则章程处理事务，对自己所应承担的责任与义务有清晰而明确的认识。大学生还要能够将法律知识应用于实践。严谨的法治思维有助于大学生作出科学正确的决定，有效地规避大学生中部分存在的意气用事、主观臆断，尤其是在情感、道德与法律发生冲突时，能够在法治思维的运用中作出正确的决策，在反复运用中不断提升自身的法治素养，自觉在日常生活中践行法治行为。

3.法治信仰

现代化与法治内在联结、相互依存。只有树立坚定的社会主义法治信仰，法律才有可能真正发挥应有的作用。习近平总书记指出，要把尊法放在第一位。只有内心尊崇法治，行为才能遵守法律。只有铭刻在人们心中的法治，才是真正牢不可破的法治。在大学阶段，大学生看待事物的角度日益成熟、理性。在大学时期建立学生的法治信仰，一是扣好人生第一粒扣子，在真正步入社会之前就让法治信仰在其心中生根发芽，对其今后的成长发展有所助益。大学生应该在成长成才的关键时期接受全面的法治素养教育，树立坚定的法治信仰，从根本上提升个人法治素养，成为中国特色社会主义法治社会建设的中坚力量。

4.法治精神

足够的精神准备是良好法律被接受的前提。“尊学守用”是有机整体，尊法是前提条件，必须把着力教育法治精神放在第一位。法治精神是树立法律信仰后的产物，也决定是否拥有和实践法治能力，大学生不仅要“尊学”，更要能“守用”。在优秀法治文化的感召下，大学生能够自觉遵守、共同捍卫社会主义法治。法治精神强调规则意识，不仅心中有规则，更要行动守规则。一旦没有健全的法治精神，大学生法治素养教育只能是空中楼阁。可以说，大学生的法治素养决定了未来整个社会的法治素养，让尊法守法成为当代大学生的共同追求和自觉行动，使大学生都成为社会主义法治的忠实崇尚者、自觉遵守者、坚定捍卫者。在大学生中把健全的法治精神作为价值目标，将是助力法治中国梦实现的强有力的精神支撑。

5.法治能力

法治能力指的是大学生具备法治知识与法治思维之后，拥有将知识和思维付诸实践的能力。现阶段大学生要以完备的法治能力为行为准则，从目前大学生普遍法律行为来看，这一群体的用法能力还需要进一步提升。大学生无论是思想还是行动都是较为超前的社会群体，在用法方面的欠缺主要表现为：对自身权利行使、维护、救济等程序了解不到位，比如：对部分政策法规和某些判决处罚存在看法，却不能通过合理合法的途径表达个人见解和建议，容易演变成互联网上的谩骂和攻击，等等。法治能力水平影响国家法治能力治理现代化的进程。大学生作为高学历群体，更需要综合运用法治思维，提高法治能力，采取合理合法的行为手段解决自身面临的社会事务。因此，大学生需要提升用法能力，能够灵活运用法治思维认识问题、解决问题，采取法治方式处理相关问题，能够运用法律解决实际问题，将生活与法治紧密结合。

6.法治行为

当代大学生要自觉践行社会主义法治行为，在个人事务处理中能够用法治知识与思维解决问题，有效运用法律知识、法律思维思考问题、判断对错、作出决策、参与社会生活，不仅掌握课堂教学中的法律知识，还要在课后充分发挥自己的好奇心和求知欲，阅读相关法律著作、观看相关法治节目等，这些都是整体提升自身法治素养的有效途径。大学生要有强烈的责任意识和规则意识，这既是法治思维的基础又是法治思维的表现。大学生应勇于承担自己的责任，依照规章制度和程序来处理事务，将法治意识付诸实践。只有将完善的法治知识和严谨的法治思维外化为自觉的法治行为，现实生活实践中不断运用，才能在根本上树立法律的权威，推动法治社会的建设。

（三）大学生法治素养的双重属性

大学生法治素养经过教育和个人的修养，逐渐形成一种稳定的品质结构，这个品质结构具有内在性与外化性的双重属性。其中，内在性强调有意识地认知法律、适用法律；外在性注重物质层面上对法治的行为表现。内在性强调对法律的信仰，与更强调记忆法律的知识性相比，内在性增加了认知主体的思维创造过程，即对法律知识的提炼、加工与整合，最终达致对法律的认同；实践性强调对法律有意识地践行，与外化性注重凸显对运用法律不同，外化性比前者更加抽象，综合了知识性与实践性，是历经无数次对法律知识的实践后固化成对法律的自觉遵守。

内在性是指大学生从内心对法律与法治权威性的确信与尊重。法治素养是将法律视为定分止争、调整利益分配和体现公平正义的重要手段，是发自内心地将法律视为人类理性的典范与最高的信条，尊重法律的权威。法治素养的内在性主要体现为对法治文化的塑造，使法治的精神、思维和方式融入人们的生活，让法治成为人们的生活方式，让人们形成一定的思辨和理解能力。大学生受过系统的法治素养教育和法治实践体验，更有利于形成对彰显理性的法律的信仰，在内心树立对法律与法治权威的尊重。

法治不仅在人们的心中，更应体现在日常生活的一举一动中，贯穿每个人的一生。外化性是指大学生法治素养在行为上具有一定的表现力。大学生法治素养的外化性是在其内在性的基础上以行为表现出来的对法律的遵从。亚里士多德提出，法治应包含两种意义：已成立的法律获得普遍的服从，而大家服从的法律本身又是制定良好的法律。此处的前一种含义就是对法治素养外化性的重要演绎。具体而言，人们对法律会形成内化于心的认识，并指导人们的行为，从而体现对法律的信仰和服从，这一过程往往是春风化雨般展开的。例如主动拒绝中国式过马路，在红灯前自觉停步；面对诈骗，能快速对其进行识别与应对；等等。

大学生法治素养的高低，不仅影响国家和民族的未来发展，更与大学生的日常生活密切相连。大学生法治素养构成要素之间相辅相成，在实践过程中不断提升，逐步积累法治知识，学会运用法治思维解决问题，在社会生活中提升法治能力，树立法治精神、法治信仰，形成自觉践行社会主义法治的行为表现。

基于上述分析，本书认为，大学生法治素养是指大学生在法治素养培育实践过程中逐渐形成的法治知识、法治思维、法治精神、法治信仰、法治能力、法治行为等方面的综合表现。

四、大学生法治素养教育工作体系

新时代大学生法治素养教育是一个复杂的系统性工程，确立了教育的理想目标，更进一步则是要统筹推进，加快落实各项工作。新时代大学生法治素养教育工作体系涉及理论教学、队伍建设、实践强化、评价反馈、实施保障等方面。

（一）理论教学

法治素养教育中掌握法治知识是大学生的认知基础，是开展法治实践的前提。只有使大学生先学法，而后才能使其守法和用法。“思想道德与法治”课作为必修课，是大学生法治素养教育的主渠道。

目前，在思想政治理论课中提升大学生法治素养的机制已经建立，值得关注的点在于理论教学的方式方法。一股脑“填鸭式”教学，大学生对法治知识的接受度会有所降低，导致教育实效欠佳。思想政治理论课教师在理论教学中要注意丰富教学手段，引入新媒体互联网，结合生动案例，加强双向互动，以大学生喜闻乐见的方式传授法治知识。

（二）队伍建设

教师作为人类灵魂的工程师，在大学生法治素养提升的过程中，发挥着引路人的重要作用。新时代大学生法治素养教育，必须打造专业素养过硬的师资队伍。队伍建设体系包括但不限于引进法学专业高学历人才、定期对思想政治理论课教师进行培训、完善对思想政治理论课教师的法治专业理论考核，旨在补齐短板，推动师资队伍高质量发展，使大学生法治素养教育工作取得更好的成效。

在“三全育人”的总体格局下，新时代大学生法治素养教育的师资队伍范围更加广泛，不仅仅局限于“思想道德与法治”课教师。具备专业法治素养的法治领域执法司法实务人员是对法治素养教育师资队伍的有力补充，将其纳入师资队伍建设，增强教育骨干力量。

（三）实践强化

理论教学与实践强化相结合是进行大学生法治素养教育的基本原则。通过法治实践检验大学生的法治知识，锻炼大学生的法治能力，强化法治素养教育的效果。拓宽大学生参与法治实践的渠道，利用好配套设施，如法治服务中心、学生发展中心，举行更丰富的法治活动，使大学生有更多实践的机会。

实践强化体系不只是高校内，还涉及校园外。相较于学校而言，大学生在校园外接触的事物更多，法治能力运用范围更广，实践强化教育效果更充分。健全实践强化体系常态机制，引导大学生在社会生活中积极运用法治知识，行使权利，履行义务，将法治素养外化为解决问题的法治能力。

（四）评价反馈

对新时代大学生的法治素养进行评价，并通过评价结果接收信息，是教育工作必不可少的环节，有利于教师调整工作计划，改进工作方法，增强教育实效。

传统评价反馈体系中，思想政治理论课教师单方面地对大学生进行评价，学生只能被动接受评判，对大学生主体性有所忽视。针对法治素养教育工作，大学生有最切身的感受，有着基本的话语权，重视大学生在评价中的主体性，促进大学生对思想政治理论课教师进行评价，对教育方式方法进行评价。

大学生法治素养教育是系统性工程，评价反馈体系贯穿教育的全过程。前期评价，了解大学生的法治素养现有水平与突出典型。中期评价，及时发现偏差采取适当的矫正措施。后期评价，为后续调整教育目标与工作计划提供依据。

（五）实施保障

新时代大学生法治素养教育各项工作有序开展离不开政策和资源的切实保障。宏观层面而言，政府统筹规划联动各方，为大学生法治素养教育提供人力、物力和资金保障。微观层面而言，高校建立健全相关组织机构，完善相应制度政策，保障教育工作顺利进行所需的配套设施。

政府、高校、社会、家庭形成合力也是大学生法治素养教育保障体系的重要内容。在党的全面领导下，坚持中国特色社会主义法治道路，深化法治领域改革，加强普法宣传，全民守法用法，共同营造风清气正的法治文化环境，完善“四位一体”的实施保障体系。

五、大学生法治素养教育相关理论依据

新时代大学生法治素养教育不是无源之水、无本之木，是立足于一

定的理论基础之上的。大学生法治素养教育离不开中国优秀传统法治文化的滋养，离不开马克思恩格斯关于人全面发展的理论奠基，离不开中国共产党关于法治素养教育的思想指引。

（一）马克思恩格斯的理论

马克思恩格斯关于人的全面发展理论内涵丰富，思想深厚，主要有三个方面的内容。第一，人的全面发展的本质问题。对此，马克思指出，人是一切社会关系的总和，是在丰富的社会关系中通过从事一系列社会劳动创造自我生活的现实个体。进一步细化，人的全面发展本质是社会实践和生活需求的不断发展。第二，人的全面发展的现实条件。马克思指出，只有在社会共同体中，个人才能获得全面发展其才能的手段。即人只有置身于社会群体之中不断丰富社会关系，增强社会属性，才能得到全面发展。第三，人的全面发展的内容规定。马克思指出，人的全面发展就是人的素质的全面提升和个性的自由发展。由此可知，人的全面发展包括身体、心理、文化和道德等。

对于新时代大学生而言，在社会主义法治建设进程中，法治素养是他们综合素质的重要组成部分。根据马克思恩格斯关于人的全面发展理论，大学生法治素养教育是提升大学生法治素养的强有力手段。同时，人的全面发展理论强调人的素质和能力、社会关系、需要、个性等方面呈现相辅相成关系，大学生各个方面社会属性的发展对其他方面能力和素养的提升具有促进和推动作用。因此，在对大学生进行法治素养教育过程中，应更多地针对满足大学生法治需求、拓展大学生的法治社会关系、提升大学生法治学习和法治实践的主体性等方面，制定综合全面的策略，以提升大学生法治信仰、法治知识、法治思维和法治能力。

（二）习近平法治思想

习近平总书记法治思想是以习近平同志为核心的党中央在新时期推进全面依法治国实践中创立的法治理论体系，是马克思主义法治理论中国化的最新成果，系统论述了新时代大学生法治素养教育的价值导向和实践要求。

习近平指出，特别要加强青少年法治素养教育，不断提升全体公民法治意识和法治素养。加强青少年法治素养教育是提升全体公民法治素养、实现法律为人民群众所遵守和运用的重要切入点，是保证全面依法治国顺利推进的基础性工作。在法治素养教育目标上，习近平总书记指出，学法尊法守法用法，应该把尊法放在第一位。尊法是前提、是根本，是必须首先解决的重大问题。在尊法过程中自发和自觉地进行自我教育，精神升华形成法治思维。认识指导实践，习近平总书记指出，应在全社会牢固树立宪法和法律的权威，让广大人民群众充分相信法律、自觉运用法律。尊法为树立法治信仰奠定了思想基础，也为参加法治实践提高法治能力提供了强大的精神支撑。

进入新时代，加强大学生法治素养教育，事关全体公民法治素养的提升，事关法治社会的建设进程。习近平法治思想为大学生法治素养教育指出了最终实现目标和现实行动要求，对于加强新时代大学生法治素养教育彰显出明确的理论指引。大学生法治素养教育要以习近平法治思想为指导，深刻把握大学生成长成才的规律和个性的特点，开展以大学生为中心的法治理论教育和法治实践教育，培养大学生的法治信仰和法治能力，增强教育的针对性和实效性。

（三）中华传统法治文化

习近平总书记指出，阐发我国优秀传统法治文化，讲好中国法治故事。中华传统法治文化发端于夏商周时期，在春秋战国时期兴盛繁荣，后世稳定发展趋于成熟。“天罚神判”是夏商原始社会一种利用神权法进行统治的思想，周公也提出“天命靡常”。西周时期出现“明德慎罚”的思想，这是德治和法治相结合治国方略的思想萌芽。春秋战国时期，法家和儒家思想影响力最大，两强交锋，其中法家思想更是帮助秦国完成了统一大业。春秋时期法家代表人物管仲曾说：“威不两错，政不二门，以法治国，则举措而已。”以此最早明确提出“以法治国”的概念，为后世法治文化繁荣奠定基础。战国时期韩非子曾说："奉法者强则国强，奉法者弱则国弱。""法治兴则民族兴，法治强则国家强。"这是社会主义法治建设的根源，也是新时代大学生法治素养教育的根源。韩非子还提出："法不阿贵，绳不绕曲。"法律面前人人平等，这是法治精神的真谛，也是法治权威使人信服的基础。

中华文明上下五千年，中华优秀传统法治文化以其深厚的历史底蕴，在新时代社会主义法治建设中依旧源源不断地提供精神动力，彰显着中华民族法治文明的时代价值。深入挖掘中华优秀传统法治文化的丰富内涵，以古人法治思想的精髓作为思想借鉴，坚持扬弃，生动阐发，才能在法治素养教育过程中以文化认同文化自信促使大学生尊重法治权威，了解法治知识，形成法治思维，提升法治能力。

（四）思想政治教育过程规律

思想政治教育过程规律就是指思想政治教育主体、客体、介体、环体在教育过程的矛盾运动中相互作用，相互影响，展现出来的内在的、本质的、必然的联系及其发展趋势。

新时代大学生法治素养教育是大学生思想政治教育系统工作的一个细化分支，二者在育人目标上同向同行，旨在培育大学生的法治观念和守法用法能力；在育人内容上融会贯通，法治素养教育当下仍然以"思想道德与法治"课为主；在育人方法上也有共通之处，都通过基础理论学习和拓展技能实践，在第一、二、三课堂中合力达到育人目标。对思想政治教育过程的特点、规律和本质进行把握，能够为理解新时代大学生法治素养教育过程提供重要的理论借鉴。

六、新时代大学生法治素养教育的重要意义

当前，随着世界经济全球化的快速发展，国家之间的联系愈加紧密，不可避免地会产生相应的法治问题，因此，良好的法治环境是世界各国共同的建设目标。我国跻身于世界先进民族之林，必须主动建设好法治

社会，而大学生是社会发展的中坚力量，开展新时代大学生的法治素养教育，在宏观层面上，对全面推进依法治国有着重要的作用，在微观层面上，可以丰富校园生活，又能为大学生未来更好地面向社会打下坚实基础，甚至对整个国家的发展起到推动作用。

（一）全面推进依法治国的时代选择

自党的十八大以来，以习近平同志为核心的党中央以坚持和发展中国特色社会主义的全局和战略高度，从制定政策、推进改革、强化监督、改进司法等多个方面，提出了全面依法治国战略，并将其纳入“四个全面”战略布局之中，为我国在新的历史起点上，全面推进社会主义法治国家的建设奠定了坚实的基础。

我国要持续推进现代化建设全面依法治国是根本使命，从根本上保证了社会稳定和国家长治久安，因此对大学生进行法治素养教育的水平提出了更高的要求。提升大学生法治素养教育水平要求大学生了解法律并且能够在实践中熟练地运用法律，由此需要政府、司法机构、学校以及社会都承担起法治素养教育的相应责任，共建系统完备的法治素养教育体系。全面依法治国，是依据法律实现国家良性运行，最终保障人民权益不受侵害。大学生作为社会的新生力量，应积极参与法治素养教育的各种课程以及社会实践，提升自身素质、完善个人法治知识结构，在新时代以更加昂扬的姿态投身于法治中国建设。①

大学生是建设法治社会的一支重要力量，是将全社会的法治素养水平提升到新的高度的一支生力军，是促进社会发展的一支新生力量。如果大学生具备了较高的法治素养，并掌握了相关的法律知识，建立起了正确的法治理念，自觉地遵守行为准则，并将其应用于日常生活中，将有助于提高全社会运用法律解决问题的能力，从而推进法治社会建设。只有当每个人都能够从自身做起，尊重自己的权利，尊重他人的权利，

---

① 石旭斋. 大学本科生法治素养及其提升策略[M]. 北京：中国法制出版社,2019.

遵守法律法规，才能在全社会形成一种崇尚法律、遵守法律的良好风气。

只有具备了良好的法治素养，才能推动国家的法治发展，新时代的大学生是未来社会的中流砥柱，他们应当具备良好的法律意识和法律素质，具有高度的责任感和使命感。一方面，提高大学生的法治素养，有利于在平时的学习和生活中，养成尊法、守法、用法的好习惯，有助于推动全面依法治国。另一方面，大学生除了要通过自己尊法守法产生的积极效应，让全社会形成一种崇尚法治的正能量，还可以在社会实践中，影响并引导其他社会成员自觉遵守法律法规，以维护社会的公平正义，培养法律意识，提升法治素养。因此，法治素养具有重要的战略性意义，它不仅是构建现代法律体系的基础，更是推进依法治国方略实施和实现法治中国宏伟目标的关键。提升公民的法治素养，可以更好地维护宪法和法律权威，更好地实现社会公平与正义，从而为全面推进依法治国方略实施、加快建设法治中国提供重要保障。

（二）为中华民族伟大复兴提供有力保障

为了实现中华民族的伟大复兴，我们要在党的领导下，对依法治国进行全面推进，建立一个完整的法律体系，包括宪法、法律、行政法规、规章等，就是要建立有力的保障机制，包括财政资金投入等，健全的党内法规体系；就是要建立一套完善的党内法规制度体系，包括党的组织制度、党的纪律检查制度等。宪法是国家的根本法，人民是国家的主体，党的领导是国家的命脉所在，三者相互依存、相互促进、相互保障，缺一不可，党和人民是国家发展的命脉之所在，宪法是党和人民意志的集中体现。在我国，所有人都要在宪法和法律允许的范围内进行活动，没有人可以拥有超越和违反宪法和法律的特权，只有坚持依宪治国、依宪执政，才可以为全面依法治国提供一个重要而又坚实的保障。中共十八届四中全会确定了全面加强法治的总体目标，即建设中国特色社会主义法律制度，建设社会主义法治国家。历史和现实表明，我国可持续发展离不开法治的保证，一个完善的法律体系可以推动社会的和谐、有序发展，进而有利于构建法治社会，更好地保护人民的合法权益。大学生是实现中华民族伟大复兴的主力军，提升大学生法治素养为推进全面依法治国，实现中华民族伟大复兴提供了有力保障。

（三）落实高校立德树人根本任务的要求

高校教育工作的中心环节和本质要求在于立德树人，要以立德树人为核心，把思想政治工作贯穿于教育工作的各个方面。因此，高校应当义不容辞地把它做好，使之成为教育社会主义建设者和接班人的重要阵地。

立德树人，立德是最基本的，党的十九大报告中已明确指出“要提高全国人民的法治素养和道德素质”，这就表明，在“人”的教育中，还蕴含着一种新的需求，即在开展德育的时候，还需要提升人们的法治素养，二者相辅相成。立德树人，一谓“德”，二谓“人”。“立德”是对大学生进行“三观”教育，以教育大学生的世界观、人生观、价值观为基础，并根据新时期的特点，教育与之相适应的法治观，大学生是“德”的继承者、发展者、传播者，他们自己的德性的体现，将对社会总体价值取向起到推动作用。“树人”就是要将新时代的大学生培养成为社会主义的接班人，德智体美劳全面发展。要想成为一个全方位的人，就必须有良好的法律素质，让大学生懂得法律，尊重法律，遵纪守法。

（四）提升新时代大学生个人素养的关键

习近平总书记在2019年5月4日的纪念五四运动100周年大会上讲到，青年要保持初生牛犊不怕虎、越是艰险越向前的刚健勇毅，勇立时代潮头，争做时代先锋。法治素养要求大学生能够遵守法律法规，遵守社会公德，具备良好的法律素质，拥有良好的道德素养，掌握一定的专业技能，以及正确处理人际关系、解决问题的能力。大学生需要将法治素养作为自身素养提升的关键。之前的个人素养更加注重提升大学生思想政治素养、科学文化素养、劳动技术素养。随着时代的发展，法治素养也越来越被重视，明确了培育大学生法治素养的目标要求。当时代新人被赋予了更高要求的同时，大学生更要以更高的标准来要求自己，当今社会是法治化不断深入的社会，要提高大学生的个人素质，就一定要具备相应的法治素养。

当前我国正处于社会主义初级阶段，随着社会的发展，各种矛盾和问题也随之产生，法治中国建设刻不容缓，建设法治中国是每一个公民的职责所在，特别是大学生，更要发挥自己的主体作用，在学习和生活中不断提高自己的法治素养，为社会主义法治化建设添砖加瓦。

第二节　大学生法治素养的解析

一、掌握基础的法律知识

掌握与法治社会建设要求和自身发展需求相适应的较为丰富的法律知识，是大学生法治素养的基础。

（一）新时代中国特色社会主义法治理论

新时代中国特色社会主义法治理论的内容十分丰富，按照习近平关于依法治国和法治建设的有关重要论述，以下几项基本的内容必须掌握理解，做到融会贯通、始终坚守。

一是必须坚持中国共产党的领导。要深刻认识到，党的领导是中国特色社会主义最本质的特征，是社会主义法治最根本的保证。中国共产党，不仅在深刻掌握中国国情民情的基础上，提出了依法治国的基本方略，而且坚持带领人民锲而不舍地推进依法治国。只有在中国共产党的领导下，依法治国才有正确的方向和有力的领导，人民的主体地位才能得到充分体现，国家和社会的各项建设才能在法治的道路上有序开展。

二是必须坚持人民主体地位。要认识到人民当家作主，是社会主义制度与其他社会制度的根本区别，也是中国特色社会主义建设事业不断取得进步的动力源泉，在法治建设中坚持人民的主体地位，就要在依据法律管理国家和社会事务的过程中，始终坚持为了人民、依靠人民、造福人民、保护人民。①

三是必须坚持法律面前人人平等。在立法、执法、司法、守法的各个方面体现平等，任何组织和个人都必须在宪法法律的范围内活动，都绝不允许有超越宪法法律的特权，这项基本内容，还可以进一步深化，成为法治观念维度中的基本原则。

四是必须坚持依法治国和以德治国相结合。认清法治与德治的关系，二者共同发挥着规范社会行为、维护社会秩序的作用，在实践中，要既重视法治的规范作用，又重视道德的教化作用。

五是必须坚持从中国实际国情出发。认清推进法治建设要突出中国特色、实践特色、时代特色，坚持走自己的道路。

（二）宪法知识

宪法作为根本大法，决定了宪法知识首当其冲地成为法律知识维度的主要内容，大学生要从掌握宪法基本知识入手，真正形成宪法至上的意识，使宪法规范走进内心，最终形成稳固的宪法信仰。通过对宪法知识的学习，大学生应当从内容上了解宪法，从原则上理解宪法，从思想上接受宪法，最终从行动上自觉遵守宪法，从内心深处信仰宪法。实现这一目标，大学生在熟记宪法法条内容的基础上，还有几个主要的方面必须准确把握。

首先是宪法的民主精神。我国宪法规定，中华人民共和国的一切权利属于人民，人民行使国家权力的机关为全国人大和地方各级人大，各级人大通过民主集中制的原则行使国家权力。掌握宪法的民主精神，有利于让学生从宪法的角度，了解社会主义制度的权力运行机制，有利于让学生辨别社会主义制度与西方资本主义制度的根本区别，有利于让学生深刻认识人民当家作主的社会地位，增强学生对社会主义优越性的感

①王众威.新时代大学生法治素养培育研究[D].湖南师范大学,2020.

受，从思想深处由衷地拥护社会主义国家的根本政治制度，从捍卫自身民主权利的角度，自觉坚持与信任中国共产党的领导。正如习近平同志指出的，维护宪法权威，就是维护党和人民共同意志的权威。捍卫宪法尊严，就是捍卫党和人民共同意志的尊严。保证宪法实施，就是保证人民根本利益的实现。

其次是宪法的人权思想。我国宪法从最高位价规范了国家权力的行使和公民权利的保障，旗帜鲜明地指出，国家尊重和保障人权。宪法赋予公民的基本权利，包括平等权、政治权利与自由、宗教信仰自由、人身权利、私有财产权、社会经济权利、文化教育权利、监督权与请求权、特定主体的保护权利等，与权利相对应，又对公民的义务进行了明确。这些都是大学生应该具体掌握的内容，由此延伸对宪法的地位作用的深刻认识，使广大学生认识到宪法是权利的宣言书、保障书。

再次是宪法的权力制约原则。习近平总书记指出，要健全权力运行制约和监督体系，有权必有责，用权受监督，失职要问责，违法要追究，保证人民赋予的权力始终用来为人民谋利益。这一思想，能从宪法的权力制约作用与机制中找到支持，只有牢固树立宪法的主体地位，才能确保权力始终在宪法及其他法律的框架内行使，各项公权力必须依宪法和法律授权方可行使，违反相关法律规定，必将触发法律的制裁和评价。

（三）实体法和程序法基础知识

民法、商法、经济法、刑法、行政法及相关程序法中，与大学生自身权利义务以及社会交往中息息相关的法律知识，需要具体掌握，理解法律的精神要义、基本原则、运行机制以及重点的法条规范，在这些实体法和程序法知识中，尤其需要引起关注的是以下几点。

一是物权与债权知识。大学生依据法律知识参与社会建设过程，十分突出的是对自身经济利益的关注，而几乎一切经济利益都可以归于物权与债权这两种权利关系，因为物权反映个体静态财产的支配关系，而债权反映动态财产流转关系，囊括了大学生的一切财产利益问题。只有较好地掌握了特权与债权的相关知识，准确掌握了两种权利之间的效力区别，主、客体区别，才能让学生在今后的社会实践，特别是市场行为中，能够准确地行使自己的权利，履行自身的义务，合法有效地维护自身的经济利益。

二是权利和义务知识。人们对于法律知识的学习，法律关系的辨析，总是在围绕着权利与义务这条主线展开，大学生通过对权利和义务知识的学习，认识到无论是在刑法、民法还是行政法领域，所有法律责任的形成以及最终承担，都是由于个体违反法定或者约定的义务而导致的，不仅行为人拒绝履行应当履行的法律义务将导致法律责任的承担，而且行为人因为不当行使权力或者权利也会导致相应不利法律后果，因此，大学生要依法行使自身权利，而且要能够运用法律工具维护自身的合法权益。不仅要联系个人的生活实际，清楚自身具有哪些法定的权利和义务，而且要知道如何正确行使权利，履行义务，使个体的行为始终沿着法律的轨道有序运行，最终使大学生在深刻思考自己的权利与义务时不断去质疑、辩证、阐明，督促其不断提升自身的社会责任感。

三是合同相关知识。大学生之所以要掌握合同的相关知识，主要在于，无论是在学校生活还是在社会民事交往中，每个学生都必不可少地要与合同打交道。日常生活中，只要参与民事行为，就会受到各种各样合同的规范与约束。大学生涉及的诸多民事法律问题，一般都产生在合同的签订与履行期间，因此让大学生掌握适当的合同知识，对于指导个体依法从事民事行为，依法履行约定的权利与义务，具有现实的指导意义。

四是与自身利益相关的其他法律知识。大学生在通过中学阶段的道德与法治素养教育，掌握基本的法律原则和具体法条内容的基础上，还要重点掌握与自身利益相关，或在各部门法中属于重点的内容。在刑法的学习中突出八个重大犯罪行为，在民商法经济法中突出婚姻法、继承法、劳动法、知识产权法、消费者权益保护法，在诉讼程序法中突出管辖、诉讼时效、期间、送达、仲裁等。这些具体的法律知识，与特定的法律关系和法律行为紧密结合，在实际生活中，要么对大学生的行为起到提示与警醒作用，要么对大学生的社会交往起到规范与指引作用，要么对大学生的合法权益起到保护作用，理应成为大学生掌握的基础性法律知识内容。

二、秉持正确的法治观念

党的十九大报告在“健全人民当家作主制度体系，发展社会主义民主政治”部分明确指出，加大全民普法力度，建设社会主义法治文化，树立宪法法律至上、法律面前人人平等的法治理念。各级党组织和全体党员要带头尊法学法守法用法，任何组织和个人都不得有超越宪法法律的特权，绝不允许以言代法、以权压法、逐利违法、徇私枉法。党的二十大报告也指出，发展全过程人民民主，保障人民当家作主，全过程人民民主是社会主义民主政治的本质属性，是最广泛、最真实、最管用的民主。必须坚定不移走中国特色社会主义政治发展道路，坚持党的领导、人民当家作主、依法治国有机统一。这些论述，既包含了“宪法法律至上”和“法律面前人人平等”的内容，又有对公权力的制约，对法律程序的规范的内容，而发展社会主义民主政治的要求，又是人权保障的重要途径，这些也正是确定的大学生法治观念五个方面的基本内容。

（一）宪法和法律至上

法治建设必然要求法律至上，而法律至上的核心，就是宪法至上，只有坚持宪法的主体地位，维护宪法的最高权威，依法治国才能有序推进，社会经济各项建设才能稳定发展。目前，我国已经基本形成了以宪法为统帅和根本依据，以基本法律为主干，由法律及其配套法规为内容构成的层次分明、结构协调、体例科学的中国特色社会主义法律体系。中国特色社会主义法律体系的建立，使整个国家法治建设整体上实现了有法可依，且有可依之法。其中，宪法具有最高的位阶和权威，是法治建设的根基。提高大学生的法治素养，对宪法知识的学习，对宪法精神的学习，是整个法治素养教育中最根本最重要的内容，让大学生掌握并坚守宪法的精神与原则，是大学生法治素养树立与否的一个重要指标。大学生树立宪法法律至上观念，需要保持三个方面的思想认识。

一是宪法是国家根本大法。宪法规定了我国的社会制度和国家制度，是治国安邦的总章程，具有最高的法律效力，其他任何法律法规和规章制度都必须以宪法为依据，不能与宪法相违背。

二是宪法法律至上与党的领导的关系。党章明确规定，“党必须在宪法和法律的范围内活动”，这是宪法和法律至上在党的领导中的重要体现，这说明，宪法不仅赋予了中国共产党的领导地位，也对党的组织和个人的行为进行了规范。党领导人民制定宪法和法律、党领导人民执行宪法和法律，党自身必须在宪法和法律范围内活动，真正做到党领导立法、保证执法、带头守法。

三是坚持宪法和法律至上就是坚持人民利益至上。宪法和法律从制定到执行的全过程，都是人民意志的集中体现，尤其是宪法，本身就是一张写着人民权利的纸，坚持宪法和法律至上，就是牢牢把握住了人民利益至上这个根本，这也是区分人治与法治的重要依据。在大学生的法治素养教育中，坚定了宪法和法律至上这一核心内容，就把握住了法治素养教育的主方向，抓住了大学生法治素养的关键因素，使我国大学生的法治素养有了社会主义的魂，有了不可动摇的根基。

（二）法律面前人人平等

大学生树立法律面前人人平等的观念，需要准确把握四个层面的平等关系。

一是人格尊严平等。对大学生来说，法律面前人人平等的第一要义就是不论家庭条件、地域出身，每个学生从法律上来看，在人格上都是平等的，没有高低贵贱之分。

二是权利平等。对于法律赋予的权利，需要区分对待，因为这些权利既包括所有公民享有的普遍权利，又包括法律针对特定人员的法定权利。对于普遍权利，生而平等，对于法定权利，则需要区分对待，在法定权利规定的主体范围内人人平等，而在不同的主体之间，则需要法律的特殊保护来保证法定权利的实现，这种差异化对待，是为了更好地实现法律面前人人平等。

三是责任平等。在法律的范围内，任何权利的实现，都会有相应的义务为条件，任何义务的履行，也都有相应的权利为保障，即常说的没有无义务的权利，也没有无权利的义务，只有实现权责的平等，才能从根本上避免特殊阶层、特殊权力的出现。

四是法律对待的平等。就是指法律在施行的过程中，对所有的人都一视同仁，无论是法律的保护，还是依据法律所实施的裁判和惩戒，都是平等的。合法的主体与行为，无一例外的都将受到法律的保护，违法的主体和行为，也无一例外的都将受到法律的评价与制裁。

（三）权力制约

权力作为政治生活中一个普遍的政治现象，它反映的是人与人之间的一种特殊的社会关系。所谓权力制约，就是对权力的限制和约束，是两种或两种以上的国家权力之间相互限制的一种权力关系。权力之所以需要制约，是因为行使权力的人需要制约，权力行使的边界也需要限定。大学生需要了解权力制约的两种通用方式。

一是以权力制约权力。每一项公权力的形成、赋予，以及行使主体、行使时机、行使程序，在宪法和相关公法上，都有明确的规定，任何公权力的行使，都不能超越法律规定的边界，也不能超越法律允许的程度，而行使权力的主体，也必须符合法定的资格，超出法律授权的范围，不仅会直接导致所发生的执法行为无效甚至违法，而且越权的主体，还会受到法律的评价和制裁，也就是常说的“法无授权不可为”。

二是以权利制约权力。在法律上，不仅公权力的界线十分清晰，而且公权力与私权力的界线也十分清晰，相互之间的界线划分，客观上也是对权力的一种制约。这样，既可以保证公民的私权利在法律的关怀和保护下，形成一个独立封闭的自由空间，不受公权力的粗暴干涉，同时，如果公权力一旦突破这个空间，不仅私权利的主体可以对行使公权力的个体进行监督，包括投诉、控诉、诉讼等多种方式，而且公权力由于自身的越权或越位，也将产生对自身不利的法律后果，这就是常说的“法无禁止即可为”。

（四）正当程序

正当程序是行政法基本原则的重要组成部分之一，本书之所以认为正当程序原则应当成为法治观念维度的一个重要组成部分，一方面是由于当前对大学生进行法治素养教育中，行政法的内容相对较少，有必要对行政法的重要原则进行了解，另一方面，掌握理解正当程序的内容，并上升到法治观念的层次，有利于学生在具体的行政执法过程中，有效地参与、合法地保护自身的权益，在正当程序原则中，有三个方面的内容应当为大学生所熟知。

一是行政回避。要求行政机关在面对多个行政相对人时，参与行政执法过程中的双方要严格保持中立，而为了保持中立，确保参与行政活动时的公平公正，行政程序法中建立了一整套回避的制度，主要是针对利害关系人的回避，既可以自行回避，也可以申请回避。

二是行政参与。在行政行为的运行和行政决定作出的过程中，所有的相关人员都可以参与到行政程序中来，充分表达自己的主张，确保行政相对人陈述申辩和申请听证的权利能够正确行使，行政主体之间能够平等地、充分地、友善地沟通。

三是行政公开。行政行为的全过程，都应当公开透明，特别是据以作出行政决定的依据、证据以及作出决定的过程，都要接受各方监督。

（五）人权保障

之所以选定人权保障为大学生法治素养内涵之中的具体内容，一个很大的原因在于，一些西方国家基于意识形态需要和分化孤立的战略，一直刻意在我国人权问题上大做文章，忽视、丑化我国法治在人权保障中的作用，扭曲或抹黑党和政府在保障人权上为中国为世界作出的巨大贡献。对此，每个大学生都必须有清醒的认识，应该认识到，在我国社会主义法治建设和法律体系的具体内容中，人权保障始终都是其核心要素之一。

一是人权保障是宪法法律权威的体现。社会主义中国的一切法律，都是以人民的名义制定的，其内容是对人民权利与愿望的整体表达，正因为人权的内容在法律中得以充分体现，保障人权的措施在法律中得以有效建立，才使得宪法和法律有了今天的群众基础。

二是人权保障是法律正义的来源。依法治国得以实施，一个根本的保障是，所依的法是善良的法，而评价法律善良与否的一个重要标准，就是法律能否代表广大人民群众的意愿，并确认和保护广大人民群众的权利，因此，法律对人权保障的范围和程度，也直接反映出法律的正义。

三是人权保障是法治的最终追求。在法律实施过程中，无论是对私权利的保护，还是对公权力的限制，都是以保护人权为最终的目标，失去这一目标，法治就将失去内在的价值核心。

大学生理解人权保障，还应当结合党的十八届四中全会提出的“加强人权司法保障”的内容，了解司法过程中，人权保障的内容和方式，即强化诉讼过程中当事人和其他诉讼参与人的知情权、陈述权、辩护辩论权、申请权、申诉权的制度保障。健全落实罪刑法定、疑罪从无、非法证据排除等法律原则的法律制度。完善对限制人身自由司法措施和侦查手段的司法监督，加强对刑讯逼供和非法取证的源头预防，健全冤假错案有效防范、及时纠正机制。

三、养成坚定的尚法精神

大学生通过系统的法治素养教育，从精神层面所反映出来的法治素养，是将掌握的法律知识，理解的法治观念内化于心，外化于行，做到思想上信仰法律、行为上遵守法律、实践中服从和维护法律。

（一）信仰法律

对法律始终保持敬畏之心，是法律在个体间得以施行的思想基础。这种敬畏来自内心对法律的信仰。大学生信仰法律，主要体现在以下五个方面。

一是充分认清法律法规的严肃与不可侵犯。

二是认识到法律无处不在，无时无刻不发挥作用，绝不允许有超越法律的特殊人和与法律规范相抵触相违背的特殊力量存在。

三是相信法律在执行中能够最大程度地维护公平正义，又相信法律针对每个人的每个具体问题，都能及时有效地发挥调整规范职能。

四是能够从自己和他人的违法行为中深刻吸取教训，对个体违法后果和违法成本有较为清晰的认知，始终做到警钟常鸣，防范于未然。

五是由此及彼，从敬畏法律的角度修身立德，进而严守党规党纪、校规校纪、道德规范等纪律规矩，做一个遵规守纪的人。

（二）遵守法律

大学生法治素养在遵守法律上的表现是指大学生以法律作为自己的行为准则，并依照法律法规要求行使权利、履行义务。大学生遵守法律，就是在社会实践中，自发地而不是被迫地，常态地而不是偶尔地依照法律来规范自己的行为，使自己的行为始终运行在法律的框架之中，主要表现在两个方面：一是消极地遵守法律。主要是指不违法，包括不做法律禁止的事情，或者按法律要求去做该做的事情。二是积极地遵守法律。主要是指大学生根据法律的授权性规定积极行使自己的权利，或利用法律的有关规定，主动通过法定的程序和途径争取自己的权利，维护自身的利益。

（三）服从法律

社会秩序的良性运转，取决于法治的有效实施。法治的有效实施，仅靠国家的强制力显然不够，需要整个社会全体人员，对法律的内在维护，这种内在维护，需要全社会所有人员，在各个环节中都表现出对法律的服从。从大学生的角度来看，服从法律主要体现在以下三个方面。

一是个人主动接受法律调整。当个人行为与法律要求发生冲突时，自觉接受法律规范的调整，使自己的言行回到法律的轨道上来。

二是社会交往中诚实守信。诚实守信，既是道德方面的要求，同时也是服从民法调整的表现，在任何一个民事合同中，都要基于诚实守信的出发点，真实地表达自己的意思，并按照约定履行自己的义务。

三是支持司法独立。大学生在个人行为要服从法律调整的同时，还要充分认识到，在法治建设之中，司法活动只服从法律的极端重要性，应当对司法活动只服从法律表示认同与支持，维护司法活动的独立不受外力干扰，避免司法活动及结果因过多受到行政因素、舆论因素等干扰，影响结果的公平正义。

（四）维护法律

大学生对于法律的维护，是在自身对法律服从的基础上，从精神层面所表现出来的更高水平的法治素养。大学生对于法律的维护主要体现在以下三个方面。

一是积极接受法律后果。法律在运转过程中，对大学生个体作出的具体评价，或者依据法律程序而产生的法律裁判结果，无论法律后果对自身是损是益，都是法律公平正义的体现，应该坚决执行。

二是坚决与违法行为做斗争。在法治原则的指引下，在法律的价值标准下，大学生要保持应有的正义感，积极发挥对法律执行的监督，坚决抵制非法错误思想的侵蚀，主动与违法行为做斗争，把法律标准当成自己修身立德的根本要求。

三是要主动参与到完善法律的实践中去。法律的权威只有得到广大公民的承认，并在实践中自发地遵从才能显露出来，也就是说，法律只有真正活在每个人的心中，其权威才能在与每个公民的良性互动中显现出来。全面依法治国，本身就是需要每一个公民全力支持并广泛参与的实践过程，从这一角度来看，法制的健全，法治的全面推进，是公民主动实践的结果。具备较高法治素养的大学生，也要主动地参与到法治的过程中来，始终怀着对法律的无限信仰，对法治的无限支持，对法治秩序的无限珍惜，积极参与立法、司法和法治监督活动，为法治建设建言献策，添砖加瓦。

四、具备基本的用法能力

如果说法律是维护公平正义的最后一道防线，那么，运用法律知识对具体法律关系和法律行为进行判断，对被侵犯权益进行救济，则是公平正义得以真正维护的最后一种手段。通过法治素养教育，大学生在能够在事前对法律后果进行预测，事中对法律行为进行判断，事后选择适当的救济渠道，并能够采取正确的方式表达自身的合法诉求。

（一）预测法律后果的能力

首先，要具备发现法律的能力。大学生面对复杂的社会问题时，要能够从具体的问题表象中找到法律本质，与法律无关的，直接适用道德规范或生活标准、经验等其他指导因素；与法律相关的，则运用已知的法律知识，做进一步的分析判断，将涉法问题进行分类，区分其涉及刑事、民事、行政法等具体的法律领域，并循着具体的法律领域，找到相适应的部门法规，然后依据具体的法律规章，对问题的涉法程度进行初步分析，站在法律规范的角度，对问题作出相应的反应。

其次，要对法律知识进行综合运用。通过法律知识的综合运用，对具体问题的法律后果进行直观分析，分析得出的结果有可能是对自身有利的，也有可能是对自身不利的，无论结果如何，都应当能够基于公平正义，基于对法律严肃性和强制力的认知，自觉服从法律的调整。

（二）判断法律行为的能力

对于非法学专业的大学生来说，运用法律进行判断，并不需要达到司法机关和司法实践过程中的法律价值判断与法律事实判断的强度，而是通过掌握和运用现有的法律知识，能够具备对所涉及的法律问题在以事实为依据，以法律为准绳的基础上，初步作出合法与非法的判断。

一方面，是在课堂上，通过法律知识的运用，能够对相关的案例进行分析与判断，对具体案件能够提出初步的法理辨析。

另一方面，是在学习、生活和社会交往中遇到具体的法律问题，能够在头脑中快速形成一个基于法律的理性判断，包括对自己和他人行为合法与非法的判断，理性客观依法依规地形成自己的认识，对待社会热点问题和个人利益的得与失，有自己稳定的主见，不人云亦云，不跟风盲动。

（三）选择救济途径的能力

法律救济的具体方式，依据侵权行为侵害个人权益的内容和轻重程度不同，可能涉及不同的部门法规，要让大学生熟练掌握具体的救济方式，就应当掌握不同部门法规对于法律救济的不同规定。具体而言，根据具体问题涉及的法律部门而言，可以分为以下几种。

一是选择刑事法律救济途径的能力。当大学生人身、财产遭受恶意的侵害，并达到刑事追责的程度时，刑事诉讼可以对实施侵害的犯罪行为进行法律裁判，对犯罪嫌疑人进行必要的刑事制裁，让实施侵害的行为人受到法律惩罚，并通过法律的强制力，让大学生本人所期望的公平正义能够较好地实现。

二是选择民事法律救济途径的能力。当大学生在民事交往中，个人的财产、名誉等合法利益遭受损失时，通过民事仲裁、诉讼等渠道，可以将学生正在遭受的权益损害停止，使已经遭受的权益损害得到补偿或恢复。

三是选择行政法法律救济途径的能力。不当的行政行为对学生的权益造成损害时，则可以通过法定的复议、申诉、行政诉讼等渠道，使不当的行政行为得以停止，错误的行政行为得以纠正，受到的损失得到合理补偿或赔偿。

（四）合法表达诉求的能力

通过合法的方式，将自身的诉求表达出来，是大学生积极维护自身权益的表现，也是法治素养的外在显现，新时代的大学生，应当具备主动表达诉求的意识，并掌握合理合法表达诉求的方式。

一是区分个人诉求中的权责关系。当个人的诉求初步形成时，要能够从法律的角度先行对自己的诉求再认识，在诉求内容上，既不消极行使法定权利，也不拒绝履行法定义务，还要正确处理好个人与集体、局部与整体、当前与长远之间的利益冲突，避免自己的诉求狭隘、偏激。

二是分析个人诉求的合理合法。倡导大学生积极表达个人诉求，并不表示可以无节制地随意表达诉求。在诉求表达时，要根据自己掌握的法律知识，对自己的诉求进行合法性与合理性判断，属于合法合理的诉求，要努力寻找合适的表达途径，属于不合理甚至非法的诉求，则要经过自己的反思或他人提示，主动纠正或放弃。

三是要选择合法的诉求表达途径。在法律的框架内表达诉求，有诸多途径可以选择，可以通过诉讼的方式表达，但不可诬告陷害；可以通过信访的途径表达，但不可缠访闹访；可以通过游行、集会等方式表达，但不能违反游行、集会的法律规定；也可以在媒体平台中自由表达，但不得损害他人权益，泄露他人隐私等。只有选择的表达诉求途径合法，才能让自己的诉求最终引起重视，并得到理想的响应。

第三节　大学生法治素养教育的特征

随着社会信息化、网络普及化、文化多元化的快速发展，大学生个体法治意识不断增强，其法治素养的教育特点趋向多样化与复杂化。

一、基础性与先导性

基础性是指大学生法治素养教育在大学生综合素养教育中具有基础性作用，是大学生综合素养的直接反映。大学生综合素养还包括道德素养、政治素养、文化素养和网络素养等，而法治素养在其中具有基础性作用。卢梭指出，人生来是自由的，却无处不身戴枷锁。此处的“枷锁”指规范人们行为的法律。遵守和尊重法律是大学生作为公民获得自由、享有权利的前提。充分理解并遵守法律规则，是大学生一切行为的基础。这种对法律和规则的遵守与认同正是大学生个人法治素养的体现，也是法治素养教育具有基础性作用的证明。法治素养教育有利于引导大学生形成自觉守法、遇事找法、解决问题靠法的意识，有利于锻炼大学生运用法律协调和处理现实利益冲突、解决问题的能力。另外，大学生作为接受较高层次教育的群体，同时也是中国特色社会主义事业的生力军，其思维和行动具有广泛的影响力。因此，大学生法治素养也是一个社会整体法治素养的反映。

先导性指大学生法治素养教育具有引领性、导向性作用。一方面，法治素养带动大学生综合素养的提升。大学生在法治素养教育的引领下，思想与行动都能在合理合法的限度内展开，其政治素养、文化素养和网络素养等自然也会随之提升。另一方面，大学生法治素养的提升有利于带动其他群体法治素养的提升，也是提升全民族法治素养的题中之义。

二、知识性与实践性

知识性是指大学生法治素养教育是对大学生开展法律规则、制度和原则等法律知识的传授与教育，即教育大学生“懂法”。只有先懂法，而后才能守法用法。知识性是大学生开展法治实践性的前提。当前不少高校开设了法学或法律专业，部分高校还开设了法学通识课程，为大学生提供了解法律知识的渠道；不少高校开展内容丰富的普法活动，如举办法律大讲堂、宪法日征文活动和法律知识竞赛等，有利于提高大学生的法律知识水平，促进大学生法治素养提升。

大学生法治素养教育的实践性是指大学生在社会生活中运用法律维护其正当权益，即引导大学生正确“用法”。法律的生命力在于实施，法律的权威也在于实施，法律的有效实施是全面依法治国的重点与难点。当前，大学生运用法律维权的事件报道常有，这正是大学生法治素养实践性的典型体现。大学生法治素养教育的实践性除了强调引导大学生“用法”之外，还强调“用好法”。正确运用所学的法律知识利人利己，而错误运用法律知识甚至钻法律的漏洞、投机取巧、为非作歹，则是对法律的亵渎和侮辱，是与法治素养教育实践性和目标的背离。

大学生法治素养教育的知识性与实践性相辅相成，互为表里。前者为基础，即通过知识传授让大学生“懂法”；后者为践行，即引导大学生正确“用法”，二者是“知”与“行”的关系。知是行之始，行是知之成。懂法是用法的前提与基础；用法是懂法的实践和结果。

三、统一性与差异性

统一性是指大学生法治素养教育在不同群体上具有一些共同的特征，既具有共同的优势，也具有一些共同的缺点。具体来说，大学生的优势是在整体上具备较高的法治素养。大学生理解能力较强，且不缺乏积极进取、勤于躬行的态度。故此，大学生法治素养的普遍性体现在其整体上拥有较高的水平。但是，大学生也有一些共同的缺点，这些导致大学生法治素养状况并不乐观。有学者专门总结了当前大学生法治素养不足的表现：具体法律知识理解不足、法律权利与法律义务认知错位以及法律理论知识和实际运用存在差距。这几点在不同学历层次、不同年级的大学生中都有程度不一的表现。

差异性是因专业、院校、教育程度和地域等因素不同，大学生法治素养教育状况存在不同程度的差异。个人对法治的理解程度不同，其法治素养高低自然不同。首先是专业差异，法学专业的学生，在法律知识积累、法学理论学习、法律问题思考和法学知识实践等方面都相对高于非法学专业的大学生。其次是院校差异，政法类院校的大学生受主流专业氛围的影响，有更多机会接触法律甚至转到法学专业，而理工科院校的大学生则相对缺少此种氛围与机会，其对法律的认知相对较少，法治素养整体上也会低于政法类院校的大学生。再次是不同教育阶段的差异，大学新生和毕业生，本科生和研究生，对法律的认识与理解也有高低之分，一般而言，毕业生和研究生的法治素养更高。最后是地域差异。我国幅员辽阔，不同地区社会发展状况不同，在偏远的边疆地区或落后的山区，经济、教育和交通比较落后，大学生相较于经济发达地区的更缺乏法律学习和实践的机会，其法治素养相对会较低。

大学生法治素养教育的统一性与差异性既对立又统一。统一性即大学生法治素养教育具有共同特点、覆盖全体大学生。差异性则针对不同群体大学生以及个体的情况，二者都统一于大学生法治素养中。统一性与差异性要求在培育和提升大学生整体法治素养的同时，应具体问题具体分析，就特定大学生进行有针对性、实效性的教育，以实现良好的教育成效。

四、历史性与时代性

历史性是指大学生法治素养教育在不同历史时期，具有不同时代特征。比如，法律思维和法治信仰是大学生法治素养的主要内容，在不同的历史时期，大学生的法治思维和法治信仰也随着时代的发展而变化。具体而言，法治思维和法治信仰是主体在掌握一定法律知识的基础上形成的对法律的认知，作为社会控制手段的法律在每个时期都会呈现不同的文本形态，以适应特定时期社会的稳定与利益平衡需求，所以每个阶段都会形成相对应法律文本的理解与认知，从而使得法治思维和法治信仰呈现历史性。

大学生法治素养教育的时代性是其历史性的延续，更加突出其所处时代的特色。罗斯科·庞德认为法律的变化性是必要的、无法避免的，法律文本的变化就是为了追随时代的变迁，体现其所处时代的特色，满足其所处时代的需要。习近平总书记曾引用《韩非子》中的“法与时转则治，治与世宜则有功”一句，说明法律与治理方式随时代变化的重要性。与之相应，大学生法治素养教育也应该与时俱进，与其所处时代的主题相适应。

大学生法治素养教育的历史性强调积累与沉淀；时代性注重现代与潮流，体现了大学生法治素养教育的开放与更新。任何法律制度都无法脱离对以往时代的依赖，同时需要融合当前时代的特色需求。大学生的法治素养教育也是如此，既留存以往时代的思想精华，也反映新时代的主题。

历史性与时代性也为大学生法治素养教育提供了两个重要的方向。就历史性来说，不同历史时期大学生法治素养具有不同的时代特征，那么培养大学生法治素养也可以从不同历史时期的法治文化中汲取资源，可以包括中国古代社会的法家思想，也可以包括近现代时期党带领人民探索出的法治精神。从时代性而言，大学生法治素养教育受到当今社会的影响，党领导人民全面依法治国、理论探索以及成功实践，等等，都可以成为大学生法治素养教育的源头活水。这样，大学生法治素养教育才能将历史的厚重与时代的特征有机融合。

大学生法治素养教育的基础性与先导性、知识性与实践性、统一性与差异性、历史性与时代性等，其内涵丰富深刻，不同特点之间既对立又统一，体现了大学生法治素养教育的复杂性与多样性，也是法治素养教育区分与其他方面素养教育的显著特征。

第四节　大学生法治素养教育的功能

法治素养教育的目的是培养具备扎实法律知识、较高法治意识、良好法治思维、较强法治实践能力的大学生，进而实现大学生德法兼修、全面发展。大学生法治素养从内涵上集中体现为大学生对法治知识的掌握程度，不仅能促进大学生个体的全面发展，而且能作用于法治实践，从而转化为外在力量助推全面依法治国的建设。因此，大学生法治素养作为指引和规范大学生行动的精神指南，是大学生维护正当权益、促成德法兼修，从而促进自身全面发展的内生动力，是推动法治国家建设的重要基础，是实现良法善治的重要方面。

一、维护正当权益

大学生法治素养教育的目的之一就是让大学生对法的产生、本质、运用等的理解和对法律法规的准确把握。而法律规范属于人们日常生活的基本准则，因此大学生法治素养教育的首要功能就在于引导大学生合法地参与社会生活、依法行使权利和自觉履行义务。通过合法的途径维护自身的正当权益则是大学生积极参与社会生活的应有之义。

大学生作为权利主体，既享有宪法法律规定的公民一般权利，如人身自由权、平等权等基本权利，也享有专门性法律规范赋予的各项权利。《普通高等学校学生管理规定》明确规定了大学生在校期间依法享有的七个方面的权利。维护权益的前提首先即明确何为正当权益，否则将无法分辨自身合法权益是否受到侵害，不利于大学生合法权益的维护。

大学生应对侵权事件时能否自觉运用法律手段维护自身正当权益，即对自身正当权益的积极追求和维权所用手段的合法性情况，是大学生是否具有较高法治素养的评判尺度之一。大学生具备较高的法治素养，才能使其在应对侵权事件时，根据现实情境认清事件的性质并作出正确的法律判断，以明确采取何种合法手段方可保障自身的正当权益。例如，若某学生被所在高校开除学籍后，受教育权必受到一定影响，此时大学生具备相应法治素养即可根据相关法律判断该高校的行为是否符合法律规定，若不符合即提起行政诉讼进行救济，从而维护自身正当权益。

大学生维护自身正当权益，也必须采取合法的途径。这包含两个方面，首先，大学生须认识合法的维权途径，并为合法维权收集相应证据。例如，前文提及，仅有不到30%的大学生与实习单位签订了劳动合同，这不仅是合法权益的丧失，更使得此后维权无据可依。因此，大学生的法治素养教育的作用就在明确维权合法途径，留存维权证据。其次，教育和告知大学生要敢于通过合法途径维护正当权益。例如，大学生在实习期间面对侵权行为时，具备良好法治素养的大学生可依据《民事诉讼法》的规定向法院提起诉讼，或按照其他非诉讼的民事赔偿规定提出索赔请求。

按受教育年龄计算，大学生年满十八周岁时即为完全民事行为能力人，可独立享有法定权利以及承担相应的法定义务。大学生依法律己、运用法律维护自身的正当权益的同时，还能够利用法律为身边权益受损害的群体提供法律援助，维护社会公正。

二、促进德法兼修

习近平总书记指出，法律是成文的道德，道德是内心的法律，法律和道德都具有规范社会行为、维护社会秩序的作用。培育和提升大学生法治素养，其道德水准也会随之提高，逐渐成为德法兼修的新时代好青年。

法律是底线的道德，是具有国家强制力约束的行为规范。党和国家注重将道德规范的合理内核融入法律条文，《关于进一步把社会主义核心价值观融入法治建设的指导意见》明确提出要把社会主义核心价值观的要求体现到宪法法律、法规规章和公共政策之中，转化为具有刚性约束力的法律规定。上升为法律的道德，如平等、诚信、公正等，被赋予了国家强制力的约束。正如习近平总书记所强调，“法律是底线的道德，也是道德的保障”。因此，要推动道德修养和道德行为朝着健康有序的良性方向不断发展。

基于学习、实践锻就的大学生法治素养，不仅蕴含着依法参与社会活动的实践内涵，更讲求平等、正义、诚信和友善等社会主义道德的价值。大学生法治素养教育的功能还在于将这些道德价值与法律理念相贯通。在我国经济社会深刻变革的大背景下，大学生易受西方思潮等影响，应教育引导大学生践行平等、公正、诚信等道德价值准绳，自觉履行法定义务和社会责任，培养和造就“德法兼修”的新时代高素质法治人才，激发法治的内生动力和活力，具有重要的现实功能。

三、保障全面发展

法治素养的提升也不仅仅是单方面素养的提升，更能引领其他素养的提升，促进大学生全面发展。

教育的根本任务是教育全面发展的时代新人。2018年9月10日，习近平总书记在全国教育大会上的讲话中指出“教育德智体美劳全面发展的社会主义建设者和接班人”。大学生法治素养教育对于大学生坚定法治信仰、丰富法治知识、加强品德修养、涵养诚信品格、增强综合素质等方面均有促进作用。

大学生法治素养教育能够促进大学生全面发展。有意识的生命活动把人同动物的生命活动直接区别开来。人的一切法律行为都是在一定的法治素养的支配下进行的。具备良好法治素养的大学生在意识到自己是作为法治主体、独立的行为人而存在、发展和活动着的基础上，能自觉学习相关法律法规，并按自身需求积极运用合法手段争取正当权益，把自身的法治素养转化为满足自身的生存与发展的实践活动，从而保护和促进自我的全面发展。

大学生具备良好的法治素养，有助于维护自身的正当权益、促成德法兼修及成为良善之人，有助于充分实现自身的价值，有助于激发自身的潜能。因而，大学生法治素养无论是作为一种精神存在，还是其转化为实际的物质力量，都是大学生成长发展的必然要求，是实现德智体美劳全面发展的重要因素。换言之，大学生法治素养教育质量和水平将直接影响到大学生的全面发展。

四、推动法治建设

法治素养是现代法治建设的精神动力，法治建设的进程也是法治素养逐步深入民心的过程。大学生法治素养关系到全面依法治国的进程推进。卢梭指出，各种法律之中最重要的一种，这种法律既不镌刻在大理石上，也不是镌刻在铜表上，而是铭刻在公民的心里。习近平总书记强调，法律要发挥作用，需要全社会信仰法律。如果缺乏法治素养的支撑，法律将仅仅是冷冰冰的条文，亦不可能使纸面的法律变为人们自觉的行为模式。因此，整个社会的法治素养的高低，对法的施行具有至关重要的影响。只有高质量开展大学生法治素养教育工作，才能激发每一位大学生对法律的尊重和认同，从而使法律在大学生中获得影响力和感召力，从而推动法治校园、法治社会乃至法治国家建设。

大学生法治素养教育，既能促进大学生个人法治活动的能动性及自身全面发展，也能为推进国家的法治建设提供强有力的支撑。大学生法治素养教育能够逐步让大学生拥有社会正义观和正确的价值判断，并能将这种价值判断转化为现实的行动规范。以法治素养作为导引，大学生本着对法律的认同，自觉做到尊法、学法、守法、用法和遵守社会道德的相关要求，使法律深入人心，进而推动形成和谐有序的社会秩序，助力全面依法治国建设。同时，大学生接受高等教育，是群体中最有朝气活力的一部分。大学生的法治素养往往反映一个社会整体法治素养的水平，预示着社会整体法治素养的发展方向。因此，大学生法治素养的功能还在于引领社会不同群体法治素养教育的提升，为公民法治素养的整体提升提供知识上的普及、方法上的借鉴、方向上的指导。

马克思在《德意志意识形态》中写道，意识在任何时候都只能是被意识到了的存在，而人们的存在就是他们的现实生活过程。大学生的法治素养源于大学生对法律法规的理解和掌握、源于大学生对法治实践的经验总结，但同时也作用于大学生自身的成长发展和其所生活的法治中国。大学生法治素养教育的功能，首先在于维护大学生自身正当权益，保护大学生自身正当权益不受侵犯。因此，法治素养教育功能也在于推动大学生成为“德法兼修”的高素质人才。同时，法治素养在诸多素养中居于核心地位，大学生法治素养教育的功能还在于促进大学生全面发展。

概言之，大学生法治素养教育的目的是让大学生的内心中具有最高效力的“法律”，以其指导和规范个体参与社会的各种法律行为，带动和促进自身全面发展。大学生法治素养教育的能动作用于当下乃至未来法治中国建设的深入推进。

第二章　大学生法治素养教育的现状

第一节　大学生法治素养教育的成绩

一、法治认知的感性经验丰富

（一）法治素养教育的普及

随着法治素养教育的普及，我国大学生在中小学阶段就已经接受了基本的法律知识教育。进入大学后，通过专业课程、讲座、模拟法庭等多种形式，进一步丰富了他们的法治认知。这些感性经验使大学生能够在日常生活中运用法律知识解决实际问题，提升了他们的法治素养和公民素质。

首先，在中小学阶段，学生就开始接触法律知识，了解我国的法律体系和基本法律规定。这为他们在大学阶段进一步学习法律知识打下了坚实的基础。在此基础上，大学生可以通过专业课程深入学习法律法规，掌握法律原理和实务操作。

其次，大学阶段的法治素养教育不仅限于课堂学习，还包括丰富的实践活动。例如，通过模拟法庭活动，学生可以亲身扮演不同角色，体验法律程序，提高自己的法律运用能力。此外，讲座、研讨会等形式也让学生有机会与法律专业人士交流，拓宽视野，树立法治观念。

再者，大学生在日常生活和学习中，会遇到各种法律问题。例如，知识产权保护、合同签订、劳动权益保障等。通过运用所学的法律知识，大学生可以更好地解决这些问题，维护自己的合法权益。同时，他们还可以将这些法律知识传播给身边的人，提高全社会的法治意识。

最后，法治素养教育的普及和实践，有助于提升大学生的公民素质。他们学会了尊重法律、遵守法律，具备了良好的法律道德观念。在未来的工作和生活中，他们将成为法治社会的积极参与者和维护者，为我国的社会发展贡献力量。

（二）参与社会实践

大学生通过参与社会实践活动，如法律援助、社区服务等，积累了丰富的法律实践经验。这些实践活动不仅增强了他们的法律意识，也提升了他们解决实际法律问题的能力。通过与实际案例的接触，大学生对法律的理解更加深刻，法治认知更加具体和真实。

在我国，法律援助是一项重要的社会公益事业，旨在为经济困难和个人利益受到侵害的人群提供法律帮助。大学生通过参与法律援助活动，可以帮助弱势群体维护自身权益，同时也能够提升自己的法治素养。在法律援助过程中，大学生需要学会与不同背景的人沟通，了解他们的需求，为他们提供专业的法律建议，这不仅有助于提升大学生的法律实践能力，还能够培养他们的社会责任感和同情心。

社区服务是大学生参与社会实践的另一个重要途径。通过开展法律知识宣传、提供法律咨询等服务，大学生可以帮助社区居民培养法律意识，学会运用法律武器保护自己。在社区服务过程中，大学生会面临各种实际法律问题，如邻里纠纷、消费维权等。解决这些问题需要大学生运用所学法律知识，进行分析、判断和处理。这有助于大学生将理论知识与实际应用相结合，提高解决实际问题的能力。①

①章彬．新时代大学生法治素养培育路径研究[J]．法制与社会，2020(31)．

此外，大学生还可以通过参加模拟法庭、法律竞赛等活动，提升自己的法治认知。在这些活动中，大学生可以模拟真实的法律案件，扮演不同的角色，如律师、法官、原告等。通过角色扮演，大学生可以更深入地理解法律程序和法律条款，感受到法治的威严和公正。这有助于大学生树立正确的法治观念，认识到法治在国家治理中的重要地位。

总之，大学生通过参与社会实践活动，如法律援助、社区服务等，可以积累丰富的法律实践经验，提高自己的法律意识和解决实际法律问题的能力。在实践中，大学生对法律的理解更加深刻，法治认知更加具体和真实。这些经历将有助于大学生在未来的人生道路上更好地运用法律知识，为国家法治建设贡献力量。

（三）媒体与信息获取

随着现代信息技术的发展，大学生获取法律信息的途径越来越多样化。通过新闻报道、法律网站、社交媒体等渠道，他们可以方便快捷地了解社会热点法律事件，丰富自己的法治认知。

新闻报道是大学生获取法律信息的重要途径之一。随着互联网的普及，大学生可以通过手机、电脑等设备随时随地阅读新闻，了解国内外法治动态。新闻报道通常会涉及各类法律案件、立法动态、司法解释等内容，有助于大学生了解法律的最新发展动态，提高他们的法治观念。

法律网站也是大学生获取法律信息的重要平台。我国政府及司法机关推出了许多法律网站，如中国法院网等，以提供丰富的法律资源。大学生可以在线查阅法律法规、案例判例、学术文章等，深入研究法律问题。此外，一些法律服务平台还提供在线咨询服务，让大学生能够及时解决法律疑问。

社交媒体在传播法律信息方面发挥着越来越重要的作用。微博、微信等平台上有许多法律专业人士和机构开设的账号，定期发布法律法规、案例分析等法治资讯。大学生可以关注这些账号，了解最新的法治动态，学习法律知识。同时，社交媒体上的讨论和评价也能让大学生参与到法律话题的讨论中，提升他们的法治素养。

通过这些渠道获取法律信息，大学生可以更方便地了解社会热点法律事件，丰富他们的法治认知。这些感性经验有助于培养他们对法律的敏感性和判断力，使他们在日常生活中能够更好地遵守法律、运用法律，成为具有法治观念的新时代青年。同时，这也有利于我国法治建设的发展，提高全社会的法治水平。

二、拥有初步的法治信仰体验

（一）法律课程的系统学习

在大学期间，法律课程的系统学习使学生能够深入理解法律的基本原理和精神。法律作为维护社会秩序、保障公民权益的重要工具，其地位和作用不容忽视。通过案例分析、法律辩论等教学方式，学生可以更加直观地感受到法律的魅力，逐渐形成对法律的信仰，认识到法律在维护社会公正、保护个人权益方面的重要作用。

首先，法律课程的学习使学生深入了解法律的基本原理。法律原理是法律制度的基石，了解法律原理有助于学生树立正确的法治观念。在法律课程中，学生可以学习到法律的基本概念、法律规范的构成要素、法律关系的认定等知识，从而为今后从事法律工作或运用法律维护自身权益奠定基础。

其次，法律课程的学习有助于学生掌握法律精神。法律精神是指法律所蕴含的价值观和理念，如公平正义、权利义务、自由平等等。通过学习法律课程，学生可以深刻体会到法律所追求的这些价值目标，进而内化为自己的行为准则，遵守法律规定，维护社会秩序。

再次，案例分析教学方式有助于学生将理论知识与实际相结合。法律案例是法律实践中具有典型意义的实例，通过对案例的分析，学生可以了解到法律规定的具体运用，提高自己的法治素养。在案例分析过程中，学生要学会运用所学知识对案例进行深入剖析，从而提高自己的法律分析能力和判断力。

最后，法律辩论教学方式有助于培养学生运用法律知识解决问题的能力。法律辩论是一种模拟法庭的形式，通过辩论，学生可以锻炼自己的口才、思维和应变能力，提高自己的法律运用水平。在辩论过程中，学生要能够准确把握法律条款，运用逻辑推理和事实证据支持自己的观点，从而提升自己的法律论证能力。

总之，在大学期间，通过系统学习法律课程，学生可以深入了解法律的基本原理和精神，逐渐形成对法律的信仰。同时，通过案例分析和法律辩论等教学方式，学生可以认识到法律在维护社会公正、保护个人权益方面的重要作用。这对于培养学生的法治素养、增强其法治观念具有重要意义。在我国全面推进法治国家建设的背景下，加强法律教育，培育更多具备法治素养的人才，是时代赋予高校和法律教育者的使命。

（二）法治环境的熏陶

在当今社会，法治是国家治理的核心要素之一，而校园内的法治环境对于培养学生的法治信仰具有举足轻重的作用。在我国，大学校园内的法治环境主要体现在校纪校规的严格执行和校园法治文化活动的开展等方面。

首先，校纪校规的严格执行是校园法治环境的基础。校纪校规是学校内部管理的重要组成部分，是对学生行为规范的具体要求。学校通过严格执行校纪校规，让学生在日常生活中体会到法治的威严和约束力。在这个过程中，学生能够认识到遵守法律的重要性，从而增强法治意识。

其次，校园法治文化活动的开展对学生形成法治信仰起到了潜移默化的作用。学校通过举办各类法治文化活动，如法治讲座、法律知识竞赛、模拟法庭等，让学生深入了解法律知识，体验法治的公平和正义。这些活动不仅提升了学生的法治素养，还使他们在参与过程中感受到法治的魅力，从而更加信任和信仰法律。

此外，校园法治环境的建设还有助于培养学生良好的道德品质和行为习惯。在法治环境下，学生要遵守法律法规，尊重他人权益，公平竞争，诚信做人。这些品质和习惯的养成，对学生未来的成长和社会交往具有深远的影响。

总之，大学校园内的法治环境对于学生法治信仰的培养具有重要作用。通过参与各类法治文化活动，学生能够体验到法治的公平和正义，增强对法律的信任和信仰。在今后的学习和工作中，他们将成为法治中国建设的有力推动者，为我国法治事业的发展贡献自己的力量。

（三）法治精神的内化

大学生是国家的未来和希望，他们对于法治精神的认知和实践至关重要。在我国，法治精神已经深深地融入了社会生活的各个方面，大学生通过对法律知识的学习和实践，逐渐将法治精神内化为自己的价值观和行为准则。

法律知识的学习使大学生明白了法律的重要性。他们知道，法律是维护社会秩序、保障公平正义的基石。在现代社会，法律已经成为人们行为的准则，遵守法律不仅是个人行为的规范，更是维护社会秩序和公平正义的必要条件。大学生通过学习法律知识，增强了法治观念，意识到自己作为一个公民，必须遵守法律，维护法治精神。

大学生在实践中体验到了法治精神的力量。他们通过参与各类法治活动，如法律知识竞赛、模拟法庭等，亲身体验到了法律对于维护社会秩序和公平正义的作用。在这个过程中，他们逐渐意识到，法治精神不仅仅是一种理论，更是一种实践，只有在实践中不断践行，才能真正体会到法治精神的力量。

大学生将法治精神内化为自己的价值观和行为准则，为他们成为守法公民打下了坚实基础。他们明白，法治精神是现代社会的重要标志，是维护社会稳定和公平正义的重要保障。因此，他们会自觉地遵守法律，维护法治精神，为构建和谐社会贡献自己的力量。

总之，大学生通过对法律知识的学习和实践，逐渐将法治精神内化为自己的价值观和行为准则。这种法治信仰体验为他们成为守法公民打下了坚实基础，也为我国法治建设注入了新的活力。

三、捍卫法治尊严的倾向明显

（一）维权意识的增强

现代大学生普遍具备较强的法律意识。当自身权益受到侵害时，他们能够主动运用法律武器保护自己。这种捍卫法治尊严的倾向反映了他们对法律权威的尊重和信任。

在当今社会，法律是维护国家秩序、保障公民权益的基石。随着我国法治建设的不断完善，公民的法律意识逐渐提高。作为国家未来的栋梁，现代大学生在法律意识方面表现出较高的水平。他们深知法律的重要性，知道如何运用法律来维护自己的合法权益。

当自身权益受到侵害时，现代大学生不再被动接受，而是主动寻求法律途径解决。例如，在遇到租房纠纷、消费矛盾、知识产权侵权等方面的问题时，他们会首先想到运用法律手段来维护自己的权益。这种做法不仅体现了他们较高的法治素养，也彰显了他们对法治社会的信心。

现代大学生捍卫法治尊严的倾向，还表现在他们对违法行为的零容忍。在面对违法现象时，他们敢于站出来，勇于维护社会的公平正义。这种正义感来源于他们对法律权威的尊重和信任。他们深知，只有维护法治尊严，才能保障社会的和谐稳定。

此外，现代大学生还积极参与法律志愿服务活动，为普及法律知识、提高公民法治意识贡献力量。他们通过各种形式的法律宣传，帮助更多的人了解法律、学会用法，从而共同构建一个法治社会。

总之，现代大学生具备较强的法律意识，这种意识在他们面临权益侵害时表现得尤为明显。他们尊重和信任法律权威，积极捍卫法治尊严，为构建和谐社会作出了积极贡献。这种现象值得肯定和推广，也希望更多的大学生能够继续提升自己的法治素养，为我国的法治建设贡献一份力量。

（二）参与法治活动

在我国，大学生作为新时代的中坚力量，积极参与各种法治宣传和教育活动，如法律讲座、普法宣传、模拟法庭等，不断提升自身的法治素养，传递法治精神，捍卫法治尊严。

大学生通过参加法律讲座，深入学习我国法律法规，了解法律的基本原理和实际运用，增强法治意识。在讲座中，专家学者对法律条文进行深入浅出的解读，使大学生对法律有了更为全面和系统的认识。此外，一些法律讲座还会邀请法官、检察官、律师等实务界人士分享他们的办案经验，让大学生更加直观地感受到法治的力量。

普法宣传是大学生参与法治素养教育的重要途径。他们通过发放宣传资料、开展法律咨询等形式，将法律知识普及到社会各界。在这个过程中，大学生不仅自己加深了对法律的理解，还帮助他人提升了法治素养，推动了全社会法治观念的普及。

模拟法庭活动则是大学生将所学法律知识运用到实践中的有力举措。在模拟法庭活动中，大学生扮演法官、检察官、律师、当事人等角色，亲身体验诉讼程序，提高自己的法律实务能力。通过这种形式，大学生更加深刻地认识到法治的重要性，学会理性对待，同时也提高了他们的团队协作能力和公共演讲能力。

总之，大学生作为新时代的代表，应当肩负起传播法治精神、捍卫法治尊严的使命。他们通过参加各种法治宣传和教育活动，不断提升自身的法治素养，既为自己的成长奠定了坚实基础，也为社会的和谐稳定作出了积极贡献。

（三）对社会不公的敏感

大学生作为我国社会的中坚力量，对社会不公现象表现出高度敏感。

在当今社会，不公现象时有发生，如贫富差距、教育不公、权力滥用等。这些现象侵害了人民群众的权益，损害了社会公平正义。大学生对此高度敏感，他们关注这些问题，并积极寻求解决之道。当他们目睹不公现象时，不会选择沉默，而是勇敢地站出来，用合法的方式表达自己的意见和主张。

大学生通过各种途径维护社会公平正义。他们组织公益活动，为弱势群体发声；他们参加志愿服务，助力社会进步；他们通过舆论监督，揭示更深层次的问题；他们利用法律知识，为受害者提供援助。在这个过程中，大学生既锻炼了自己的能力，又为社会公平正义作出了贡献。

这种积极捍卫法治尊严的行为，体现了大学生对法治社会的期盼和追求。他们深知，法治是维护社会公平正义的基石，是保障国家长治久安的重要手段。一个法治社会，既能保障人民群众的权益，又能促进社会进步。因此，大学生积极投身于法治事业，为实现全面依法治国贡献力量。

大学生对社会不公现象的高度敏感，以及他们勇敢捍卫法治尊严的行为，值得我们赞赏。这种精神风貌，展现了新时代青年的担当和责任感。相信在大学生的共同努力下，我国法治建设必将取得更为丰硕的成果，社会公平正义将得到更好的保障。

第二节　大学生法治素养教育存在的问题

一、基础课教学改革亟待深化

随着社会的发展和进步，法治国家建设已经成为我国的重要发展方向。在这个大背景下，大学生的法治素养教育显得尤为重要。然而，当前我国大学生法治素养教育仍存在一些问题，值得我们深入探讨和反思。

首先，尽管当前的课程设置中，法律基础课程已经成为大学生的必修课，然而，由于课程内容过于理论化、抽象化，许多学生对法律知识的理解和运用能力不足。此外，现有的课程设置往往过于重视知识的传授，而忽视了学生实际能力的培养，使得学生在面对实际问题时，难以运用所学的法律知识进行分析和解决。

其次，当前的法治素养教育过于注重知识的灌输，而忽视了学生的主体性。在教学过程中，学生往往处于被动接受的状态，缺乏主动参与和思考的机会。这种教学方式难以激发学生的学习兴趣和热情，也难以培养学生的法治思维和法治意识。

最后，当前的法治素养教育过于注重考试和成绩，而忽视了学生的实际收获。在这种背景下，许多学生将学习法律知识仅仅看作是为了应付考试，而不是为了真正理解和掌握法律知识，更不用说运用法律知识去维护自己和他人的合法权益。

针对以上问题，我们需要深化大学生法治素养教育的基础课教学改革。具体来说，需要调整课程内容，使之更贴近实际，更具有实用性；需要改变教学方式，鼓励学生主动参与，培育他们的法治思维和法治意识；需要关注学生的实际收获，而不仅仅是考试和成绩。

总的来说，大学生法治素养教育是一个系统工程，需要从课程设置、教学方式、评价机制等多方面进行深入改革，以期真正提升大学生的法治素养，为我国的法治建设贡献力量。

二、网上线下协同还不够有力

在信息技术飞速发展的今天，网络已经成为人们获取知识、交流思想、传播信息的重要平台，然而，在大学生法治素养的教育过程中，网络与线下实体环境的协同配合仍然不够有力，这在一定程度上影响了法治素养教育的实效性。

首先，在课程设置方面，虽然许多高校已经开始尝试将法治素养教育与专业课程相结合，但在实际操作过程中，往往过于侧重线下课堂的教学，而忽视了网络课程的重要性。线下课堂虽然可以进行面对面的互动与讨论，但网络课程在扩大教育覆盖面、提高教育资源共享程度方面具有无可比拟的优势。因此，如何将网上与网下课程有效结合，成为当前大学生法治素养教育中亟待解决的问题。

其次，在实践活动方面，虽然部分高校已经认识到通过实践环节提升大学生法治素养的重要性，但在实际操作过程中，往往将重点放在线下的庭审旁听、法律咨询等活动中，而忽视了网络平台的利用。在互联网上，学生可以通过虚拟法庭、在线法律咨询等方式，更加便捷地了解法律知识，参与法治实践。网络实践环节的缺失，使得大学生法治素养教育难以形成完整的体系。

此外，在教师队伍建设方面，网上与线下协同教育也存在一定的问题。一方面，许多法治素养教育教师在网络环境下教学能力不足，无法有效地利用网络平台开展法治素养教育；另一方面，部分教师过于依赖网络资源，忽视了线下教学，导致法治素养教育质量受到影响。

三、大学生法治观念还未树立

大学生作为国家未来的建设者和接班人，树立法治观念至关重要。然而，部分大学生的法治观念还未树立，这不仅影响了他们个人的成长，也对社会的和谐稳定产生了一定的负面影响。

首先，大学生法治观念未树立的表现之一是法律知识的缺乏。在我国，虽然高等教育中设置了法律课程，但部分学生对这些课程重视不够，学习态度不端正，导致法律知识掌握不扎实。此外，他们对法律实践的了解也相对较少，缺乏实际操作和法律思维的训练。在这种情况下，大学生在面临法律问题时，往往无法正确运用法律武器维护自身权益，甚至可能触犯法律。

其次，大学生法治观念未树立的表现之二是法律意识淡薄。在现实生活中，部分大学生在面对违法行为时，缺乏应有的警惕性和防范意识，容易受到不良信息的影响。他们可能对违法行为持宽容态度，甚至参与其中。法律意识的淡薄，不仅危害了大学生自身的健康成长，也容易导致社会风气的恶化。

最后，大学生法治观念未树立的表现之三是缺乏法律责任感。大学生作为具备一定文化素养的群体，应当意识到自己的行为对社会的影响。然而，部分大学生在犯错后，不能正确面对法律责任，企图逃避或推卸责任。这种缺乏法律责任感的表现，不仅损害了他们的个人形象，也影响了整个社会的法治氛围。

四、大学生知行存在脱节现象

（一）知识与实践相分离

当前，大学生法治素养教育过程普遍存在一种倾向，即重视知识传授，轻视实践操作。虽然我国大部分高校都已经开设了法律相关课程，但课程设置往往偏重于理论教学，而实践环节却显得不足。这种教育模式导致大学生虽然掌握了较多的法律知识，但在实际生活中运用法律解决问题的能力较为薄弱。

首先，我国高校法律课程的设置过于注重理论，忽视了实践操作的重要性。在课程设置中，法律理论课程占据了主导地位，而实践性课程如模拟法庭、法律实习等环节则相对较少。这使得大学生在课堂上难以获得充分的实践经验，从而影响了他们在实际生活中运用法律知识解决问题的能力。

其次，虽然我国高校在法律课程设置方面已有所改进，但与发达国家相比，实践仍然不足。在发达国家，法律课程的实践性教学较为丰富，例如模拟法庭、法律咨询、实习等，这能够让学生在实际操作中提升自己的法治素养。然而在我国，实践往往较为缺乏，导致大学生在法律实践方面的能力得不到有效提升。

此外，由于实践不足，大学生在法律课程学习过程中难以形成系统的法律思维。法律思维是一种运用法律知识和方法分析、解决法律问题的思维方式。缺乏实践经验的学生往往难以将所学知识运用到实际问题中，从而影响了他们的法律思维能力。

（二）知与行缺乏内在联系

在当代中国，大学生法治素养教育已成为社会主义核心价值观教育的重要组成部分。然而，在实际的法治素养教育过程中，虽然教育者投入了大量精力于法律知识的传授，但部分大学生在法治意识、法律观念的塑造上仍存在一定的认知偏差。这种现象提示我们，法治素养教育不应仅停留在知识层面的灌输，更需重视学生自觉行动的养成。

一些大学生虽然在课堂上学到了丰富的法律知识，但在实际生活中，他们往往会因为种种顾虑而迟疑不决，不愿运用法律武器来维护自身的合法权益。这既有“怕麻烦”的心理因素，也有“缺乏勇气”的性格原因。有的大学生或许认为过程复杂烦琐，不愿花费时间和精力去应对；有的大学生则是因为对法律程序不熟悉，担心在维护自身合法权益过程中出现差错。这些因素的存在，使得本应内化为行动指南的法律知识，变成了仅供应试的死记硬背内容，导致了知与行的分离。[①]

（三）教育与现实需求脱节

随着社会不断发展，法治建设日益完善，对大学生的法治素养要求也在不断提高。法治素养是指公民对法律的认识、尊重和遵守，以及在实际生活中运用法律解决问题的能力。作为国家未来的建设者和接班人，大学生具备良好的法治素养至关重要。然而，当前大学生法治素养教育模式与社会现实需求存在一定程度的脱节，导致大学生在面对实际问题时，难以将所学知识运用到实践中。

首先，大学生法治素养教育模式过于注重理论知识的教育，而忽视了实践能力的培养。学校里的法治素养教育课程，往往偏重于法律条文、案例分析等理论学习，而对于如何将法律知识运用到实际生活中、如何

①赵颖，由琨．新时代背景下大学生法治素养培育研究[J]．法制与社会，2021(06)．

运用法律维护自身权益等方面的实践教学较为缺乏。这导致大学生在面临实际问题时，往往难以将所学知识有效地运用到实践中。

其次，大学生法治素养教育模式与社会现实需求脱节，缺乏针对性和实用性。在现实生活中，大学生可能会遇到各种法律问题，如劳动合同纠纷、知识产权保护等。然而，当前的法治素养教育课程内容较为泛泛，未能针对大学生可能遇到的具体法律问题进行深入讲解和剖析。这使得大学生在面临实际问题时感到难以应对。

五、大学生违法犯罪时有发生

（一）知识匮乏导致违法

大学生应该具备一定的法律意识，了解基本的法律规定，以免触犯法律。然而，有些大学生由于对法律的理解不够深入，可能会对某些法律规定产生误解。例如，有些大学生可能会认为轻微的抄袭行为不属于违法行为，或者认为在网络上散布一些不实言论不会有严重的后果。这种误解可能会导致他们在不知不觉中触犯法律。

另外，有些大学生可能会忽视某些法律规定。例如，他们可能会忽视校园内的安全规定，或者忽视交通法规。这种忽视可能会导致一些意外事件的发生，甚至可能会危害到他们自己的生命安全。

（二）法治观念淡薄

首先，法律是维护国家和社会秩序的基石。一个国家的发展离不开法律的保障，法律是规范社会行为、维护公共利益、保障公民权益的有力工具。对于大学生而言，了解法律、尊重法律、遵守法律，是成长为有责任感、有道德品质的公民的前提。然而，部分大学生对法律的重要性缺乏认识，导致他们在日常生活中不尊重法律，甚至轻视法律。

其次，缺乏法律意识容易导致违法犯罪行为。法律是最底线的道德，任何人都必须遵守。但是，部分大学生由于对法律缺乏足够的尊重和敬畏，容易走上违法犯罪的道路。他们可能认为轻微的违法行为不会受到法律的制裁，从而越陷越深，最终走上不归路。这种现象不仅对大学生自身的未来发展造成了严重影响，也给社会带来了不稳定因素。

（三）诱惑与压力

在社会环境中，一些大学生可能受到各种诱惑和压力，导致他们为了满足个人利益或应对困难而选择违法犯罪。

1.学业压力

大学生在学业方面所承受的压力主要来自课程设置、考试制度和就业竞争。为了在激烈的竞争中脱颖而出，大学生需要投入大量的时间和精力学习，这使得他们在学业上承受巨大的压力。当这种压力超过个体承受能力时，部分大学生可能会寻求不正当的手段，如抄袭、舞弊等，以满足学业上的需求。

2.就业压力

当前，大学生就业形势严峻，就业竞争激烈。许多大学生为了在就业市场中取得优势，不得不加倍努力提升自己的综合素质。然而，在就业压力面前，部分大学生可能陷入迷茫和焦虑，导致他们在求职过程中采取不正当手段，如制作虚假简历、贿赂招聘人员等。

3.家庭压力

家庭因素对大学生的成长具有重大影响。在一些家庭中，父母对子女的期望过高，可能导致大学生在心理上承受巨大压力。此外，家庭经济状况不佳或家庭关系不和也可能使大学生为了缓解家庭压力而走上违法犯罪的道路。

4.社会环境压力

社会环境对大学生的价值观念和行为模式产生深远影响。在一些不良社会风气的影响下，部分大学生可能追求物质享受、信奉功利主义，导致他们为了个人利益而不择手段。同时，社会对成功的定义也让一些大学生误认为，采用不正当手段获取成功是合理合法的。

（四）缺乏自控和责任意识

部分大学生在法治观念不够牢固的情况下，缺乏自我约束和责任感，容易被一时的冲动或利益所左右，从而犯下违法行为。

首先，部分大学生法治观念不够牢固，容易受到不良信息的影响。在网络媒体平台上，充斥着各种负面信息，如暴力、犯罪等。这些信息对大学生的三观产生了一定的冲击，导致部分学生在法治观念上产生模糊认识，甚至对违法行为产生好奇心。在这种背景下，缺乏自我约束和责任感的大学生更容易走上犯罪道路。

其次，当前大学生面临着巨大的学业、就业压力，部分学生为了追求成绩、荣誉、金钱等利益，不惜采取不正当手段。这些行为虽然短期内看似获得了实惠，但从长远来看，不仅损害了自身的道德品质，还可能触犯法律。在这种压力下，大学生需要具备较强的自我约束力和责任感，才能抵御诱惑，保持坚定的人生信念。

最后，家庭教育和学校教育在培养大学生法治观念方面也存在不足。部分家长溺爱孩子，缺乏对子女的法治素养教育；有的学校虽然开设了法治素养课程，但教学方式单一、实践环节不足，导致学生对法治的认识停留在表面。

第三节　大学生法治素养教育的难点

一、教育对象上难在德法兼修

大学生法治素养教育是当前我国高等教育中一个重要的课题。在德的层面，我们需要强化大学生的道德修养，使之具备正确的世界观、人生观和价值观。在法的层面，我们需要让大学生深入了解和掌握法律法规，提高其法治意识，使其能够自觉遵纪守法。然而，在实际的教育过程中，我们面临着一个难点，那就是如何让大学生做到德法兼修。

首先，从教育理念上来看，我国传统的教育模式偏重于知识的传授，而在某种程度上忽视了道德教育。然而，法治素养教育恰恰需要道德教育和法治素养教育的紧密结合。这就要求我们在教育改革中，既要重视知识的传授，也要重视道德教育，实现德法兼修。

其次，从大学生自身的情况来看，他们正处在人生的关键阶段，世界观、人生观和价值观正在形成之中。在这个阶段，他们很容易受到外部环境的影响，而作出一些违法乱纪的事情。因此，如何让大学生在纷繁复杂的社会环境中，坚持道德底线，严守法律法规，做到德法兼修，是我们面临的一个重大挑战。

再次，从社会环境来看，我国正处在社会转型期，社会风气浮躁、社会问题复杂，都在一定程度上影响了大学生的道德观和法律观。在这样的社会环境下，如何让大学生做到德法兼修，是我们必须面对的一个现实问题。

最后，从教育方法上来看，如何将道德教育和法治素养教育有机地结合起来，如何通过有效的教育方法，提升大学生的法治素养，是我们面临的一个重大课题。我们需要研究新的教育方法，创新教育模式，以适应提升大学生法治素养的需要。①

总的来说，大学生法治素养教育，难点在于如何让大学生做到德法兼修。这需要从教育理念、大学生自身情况、社会环境和教育方法等多方面进行深入的研究和探索，以找到有效的解决办法。

二、教育主体上难在协同联动

大学生法治素养教育是一个系统性工程，涉及学校、家庭、社会等多个方面的协同联动。然而，在实际操作中，这一目标的实现却面临着诸多难点，其中最为突出的就是教育主体上的协同联动难题。

①李培洋．新时代大学生法治素养提升研究[D]．河南大学，2020.

首先，学校在大学生法治素养教育中起着主导作用。然而，由于我国长期的应试教育体制，学校在法治素养教育的实践中往往存在着重知识传授、轻能力教育的倾向。此外，法治素养教育与学科教育之间的融合程度不高，使得法治素养教育往往成为一门相对独立的课程，而未能贯穿到学科教育的全过程。这就需要学校在教育理念、课程设置、教学方法等方面进行改革，实现法治素养教育与学科教育的有机结合。

其次，家庭是大学生法治素养教育的重要场所。然而，当前我国的家庭教育普遍存在着重智育、轻德育的现象。家长在家庭教育中往往过于关注孩子的学业成绩，而忽视了对孩子法治意识和法治精神的培育。此外，家庭教育与学校教育之间的衔接不紧密，使得家庭教育在法治素养教育方面的作用不能得到充分发挥。这就需要家长在家庭教育中注重培育孩子的法治意识，加强与学校的沟通与协作，共同推进大学生法治素养教育。

再次，社会是大学生法治素养教育的外部环境。然而，当前我国的社会氛围中存在着一些不利于法治素养教育的因素。一方面，一些社会现象和问题反映出社会法治意识的欠缺，这对大学生的法治素养教育产生了负面影响。另一方面，网络新媒体等的快速发展，使得一些不良信息得以传播，也对大学生的法治素养教育带来了挑战。这就需要全社会共同努力，营造一个良好的法治环境，为大学生的法治素养教育提供有力支持。

三、教育内容上难在供求匹配

在新时代背景下，提升大学生的法治素养已成为我国高等教育的重要任务之一。然而，在实际的教学过程中，我们发现法治素养教育存在一定的难点，尤其在教育内容上供求匹配问题较为突出。

从需求端来看，随着社会的发展和法律制度的完善，大学生对法治素养的需求越来越高。他们需要掌握丰富的法律知识，具备良好的法治观念，能够熟练运用法律思维分析和解决问题。此外，他们还需要具备一定的法治参与能力，能够在社会生活中积极参与法治建设，维护自身权益和社会公共利益。

然而，从供给端来看，目前我国高校在法治素养教育内容的供给上存在一些问题。一方面，教材和教学内容更新不够及时，无法跟上时代发展的步伐。一些教材内容较为陈旧，不能全面反映当前法治建设的最新成果和现实问题。另一方面，教学方式较为单一，以课堂讲授为主，缺乏实践性和互动性。这导致学生在学习过程中难以将理论知识与实际应用相结合，从而影响法治素养的提升。

第三章　大学生法治素养教育的影响因素

综合各方信息，大学生法治素养教育的影响因素多种多样，在作用上彼此交织，有的一个方面的因素影响法治素养的多个维度，有的多个方面的因素共同影响法治素养的一个维度，因此，影响因素的分析与归类，无法与大学生法治素养的各维度一一对应，为了系统梳理、分类归纳各类影响因素，本书运用迈克尔·富兰的教育改革三级论，按照影响因素存在的不同层级以及各层级之间的相互作用，将影响因素区分为思想政治理论课、学校、社会三个层面。

第一节　学校层面的影响因素

包含法治元素的校园环境和设施，是对学生进行法治素养教育最直接的教材，蕴含其中的法治观念，具体细节中体现的法律知识，都能对提升大学生法治素养起到促进作用。从学校层面来看，影响大学生法治素养提升的因素主要有以下几个。

一、校园文化中欠缺法治元素

校园文化的核心功能是教育功能。总的来看，高校的校园文化，在发挥法治素养教育的功能上作出了一些探索，取得了一些初步成效，一些与法治相关的思想、观念融入校园文化的整体之中，成为影响学生成才成长的文化基因，但对比国家对法治素养教育和大学生法治素养的要求，还有诸多薄弱环节，需要进一步强化。

（一）校园环境中法治元素不突出

校园环境，以及广泛存在于环境之中的各类硬件设施，是校园文化得以存续和发展的基础，同时也为大学生学习、生活提供方方面面的服务，但在校园文化建设之中，很难做到一开始就将法治素养教育全盘考虑其中，也难以在各个领域都突出法治元素，服务大学生法治素养提升。事实上，当前校园环境中，在软、硬件两方面，法治元素都不够突出。

从软件上来看，在校园的各项内部规章制度和校纪校规中，其突出的作用在于对教师教学行为和学生在校各类活动的硬性规范上，强调的是正规秩序的养成与维护，要求学生时刻在设定的轨道上行事，有的还滋生了相应的惩戒规定，软环境实际上变成了约束和评价学生的清规戒律，而这些规章制度，只要能为管理服务，到底有多少能够保障学生的合法权益，能在何种程度上向学生展示学校的法治理念，以及如何向学生进行法治示范和法治关怀，反而被忽视了，也就是说，在这种环境中，学生成了调整的对象，而非教育的对象。

从硬件上来看，高校环境中的各类硬件设施，都是面向学生学习、生活服务的，任何一项设施，诸如图书馆、教学场所、学术中心等单独开发出来，或兼而利用为法治素养教育服务，都切实可行，因为法治素养教育本身也是学校教育活动中的一部分。但对硬件设施一般的利用，发挥的只是硬件设施的常规作用，无法对法治素养教育起到更大的促进作用。面对大学生法治素养存在的诸多问题，在利用硬件资源上，要有更深入具体的要求和更加超前创新的举措。在这一方面，法治元素不突出的问题，就十分明显，例如教学区、图书馆、校园灯箱、展板等，要单独拿出来一部分或一段时间，为法治素养教育服务，就需要协调多个部门，就连在为法治素养教育提供相对宽松的教学空间上，一些学校做得也不是很到位。另外，一些随时可以为法治素养教育提供服务的设施，例如展馆、校内网络等，由于功能设计时缺乏法治元素的前期规划，后期维护上也缺少法治素养教育的预算支持，导致一些设施功能闲置也不主动为法治素养教育提供服务与帮助。当然，这些问题不单单是校园环境一方面造成的，法治素养教育在整个校园环境中力量不足，思路不清，在各环境因素中的联系、沟通和监督执行上的缺位，也是造成校园环境中法治元素不突出的重要原因。①

（二）校园文化活动中法治主题不鲜明

高校利用校园文化活动开展法治宣传，主要有两种方式，一种是学校结合重大节日、重要会议精神宣传等，进行专门的法治宣传教育，这种活动由学校宣传、组织、群工等部门依据职能分工，结合活动目的、主题分别组织；另一种是由地方主导的法治宣传进校园活动，这种活动的主题、内容、形式，一般由地方普法部门确定，针对具体的法律实施或配合地方的重大普法活动等，将校园作为活动的一个单元纳入其中。一个独特的现象是，无论是学校主动组织的法治宣传活动，还是地方送法入园的普法活动，组织部门都是学校和地方的行政部门，高校专门从事法治素养教育的教研机构，除了偶尔能在其中充当顾问、指导等角色外，于整个活动的设计、活动进程的掌控，以及活动结果的评估与反馈等都难见踪影。事实上，这种活跃于校园之内的法治宣传活动，表面上看起来与法治素养教育有关，但实际上与法治素养教育并没有密切的联系，相互之间的衔接与配合更难以实现。有学生表示，这些校园内的法治宣传，来去一阵风，满足于领导出席了、广播有声、电视有影、报纸有名，真正让学生在其中受到何种教育，能否真正促进大学生法治素养提升这一至关重要的问题，则往往被活动组织者与参加者忽视，与法治

---

①郭娜，王中迪，牛余凤．新时代大学生法治素养培育的困境与出路[J]．牡丹江大学学报，2022(12)．

相关的文化活动成为一场满足各种行政需求，而唯独不能满足学生学习需求的表演。

二、学校缺乏应对学生法律问题的服务机制

《青少年法治教育大纲》指出，要全面落实依法治校要求，把法治精神、法治思维和法治方式落实在学校教育、管理和服务的各个环节，建立健全学校章程、相关规章制度，完善学生管理、服务以及权利救济制度，实现环境育人。高校，作为提升大学生法治素养全程的领导者、组织者、监督者，其机关和领导人自身对提升大学生法治素养持什么样的理念，面对学生具体的法律问题时呈什么样的态度，将影响提升大学生法治素养相关活动的成效和走向，特别在应对学生法律问题的服务机制上，运转是否顺畅，服务举措是否贴心有效，关系着大学生对提升法治素养的兴趣与热情。学校应对学生法律问题的服务机制还不是很健全，有些方面，甚至还存在很大的缺口。

（一）缺乏面向学生法律问题的服务意识

教育部于1999年提出了加强教育法制工作的要求，2003年提出了依法治校的要求，特别是在党的十八大以来，在依法治国的大背景和总要求下，高校的法律工作取得了一些长足的进步。各高校依托学校党政办公室成立了专门的法律事务工作部门，内设法制处（科），但这些法务部门的职能定位是服务学校行政工作中的法律事务。主要的职能分工一般包括：统筹、协调学校行政运转中的日常法务工作，对学校重大政策、制度制定和对外经济、商业交往等具体法律事务提出建议和意见；对学校内部劳务合同、对外经济往来合同等进行法律审查；直接参与学校行政事务中产生的法律纠纷和诉讼案件；为学校涉及的突发性事件提供法律建议和对策。从学校内设法务部门的职能定位来看，主要是服务学校的日常行政事务、应对学校本级的突发性涉法问题等，也就是说，在学校范围内，唯一专职的专业的法务部门，却偏偏缺少对学生服务的职能。

这不仅仅是一个机构职能的缺失，更是一种服务意识的缺失，反映出学校：一是针对学生法律服务需求的调查研究不深入。除了一些具体的学术研究需要进行必要的调查统计外，从学校层面长效组织的学生法律服务需求的调查研究，没有有效开展。学生本人及家庭出现的涉法问题，学生在社会交往中遇到的法律风险，从学校层面不掌握，学校党政机关在制定各项工作计划，制定出台各项制度机制时，未把对学生的法律关怀当成一个基本的工作点，也反映出学校党政机关对学生的法治素养关心不到位。

二是学生主动反映法律需求的渠道欠缺。由于学校对学生提供法律服务的理念没跟上，力量未整合，也导致吸收学生意见建议、倡导学生建言献策的渠道不畅通。学生常能见到的提供意见建议的方式和场所，主要包括图书馆、食堂等能够公开提出意见建议的意见簿、意见信箱，以及学校接受巡视、审计期间专门设立的投诉、举报信箱，学校官网上设立的党政领导电子信箱等。从功能上来看，图书馆、食堂的意见簿、意见信箱主要对具体的服务工作征集意见，巡视、审计的投诉、举报信箱主要针对党风廉政问题情况反馈，这些都不适宜于学生反映法律需求，而学校党政领导电子信箱虽然具备这样的功能，但从学生角度来看，却又会有越级告状的嫌疑，因而，学生如果有什么法律需求，除了向任课教师和辅导员反映外，别无其他渠道。

三是联合联动的法律服务力量未形成。除了学校专门的法务部门具备法律服务的职能外，学校可向学生提供法律服务的力量还包括法学专业院系的教职人员，思想政治理论课教师中具备一定法律知识的教职人员，学校党政机关长期聘请的法律顾问或购买社会法律服务机构提供的专门法律服务等。这些力量，既具有专门的法律知识，又具备提供法律服务的能力和经验，彼此因对学生法律服务的需求不了解，与学生的沟通不便利，面向学生服务的职能不明确等，在为学生提供法律服务方面，基本处于闲置状态，只要学校有关部门能够进行整合和赋能，就能直接为学生提供必要的法律服务。

当然，这些情况在不同学校之间还会存在一些差异，但不管问题以什么形式表现出来，最终反映的是学校面向学生法律问题的服务意识欠缺，在向学生提供法律服务上看不到问题，想不到对策，直接把矛盾和责任抛给家庭和社会，未能将这些服务活动与激发学生学习法律知识的兴趣，提升学生法治素养联系到一起。

（二）缺乏解决学生法律问题的服务平台

学生在校学习期间，大部分的时间生活在学校内，各种交往活动也主要发生在校园内或与校园相关，因而，一些法律困惑，涉法纠纷，也应该尽量解决在校园之内。就目前的情况来看，正是在缺乏向学生提供法律服务意识的前提下，解决学生法律问题的服务平台也十分欠缺，从访谈中了解的几所学校，都没有专门针对学生的法律服务平台。

学生对于学校提供必要的法律服务，心理需求还是比较迫切的，也很客观具体。解决学生法律问题的服务平台，主要是以下三种：一是面向不特定学生提供法律知识服务的咨询平台，包括法律热线、网络空间等；二是对学生具体的涉法问题提供法律力量的援助平台，一对一地提供法律专业服务，帮助学生参与诉讼，调解纠纷，最大程度地维护学生的合法利益；三是对学生提供指南的引导平台，结合学生毕业、考研、出国、就业等不同需求，提供统一的规范的法律行为指南和相关政策指导，并就可能发生的法律风险进行提示。

第二节　社会层面的影响因素

马克思认为，人创造环境，同样，环境也创造人。环境，是指人类主体的活动赖以进行的自然条件、社会条件和文化条件的总和。社会环境是指人们所处的社会条件的总和，也就是社会历史进程中所形成的各种社会关系的总和。从法治素养形成和提升的角度来看，社会环境是对教育对象法治素养的形成和发展产生影响的主要环境因素，这种影响主要呈现两个方面，一是良好的法治素养教育环境，能够在与教育对象的反复作用中，潜移默化地感染和熏陶人，使正确的思想观念、价值标准在不知不觉中为教育对象所接受，成为其法治素养的一部分。相反，社会环境中，与法治的思想观念相冲突，与法治相关的价值标准相违背的环境因素，也能够通过与教育对象的反复作用，在不断地否定中强化教育对象对错误观念的认识，使教育对象的思想观念、价值标准受到冲击，轻则思想产生困惑，行为出现偏离，严重的甚至会被引导走向法治的背面。

一、传统文化糟粕弱化法治作用

客观来讲，中华传统文化绵延不断、源远流长，自身并没有好坏之分，但在不同时代的沉淀与升华时，不可避免地掺杂进一些封建、迷信、狭隘、低俗的内容，对待传统文化，我们一贯的态度是，坚守文化根脉，取其精华、去其糟粕，但在社会生活中，糟粕的内容并未完全去除，在个别小范围内，甚至还大行其道，对人的道德标准、价值取向、言行举止等，产生负面影响。大学生在与社会、家庭的交往中，不可避免地要接触到这些传统文化糟粕，在特定的环境下，特别是在加入了个人情感的情况下，这些传统文化糟粕的判断标准在是与非、轻与重之间摇摆不定，难以成为理性的判断依据，影响着大学生内在对于法治的信任、信仰，弱化了法治素养在学生成长成才中的作用。

（一）人治观念的影响

人治观念是与法治观念保持对立的一种传统观念，这种观念对个体权利保持敬畏，在实际生活中，表现为对权力的依附或敬畏，这种思想的存在使法治观念的推行受到阻碍，严重的还将导致权力滥用。从调查结果来看，人治思想在大学生中的表现主要在两个方面：一是私力救济。一些学生在工作和社会交往中，要么不分原则地以和为贵和自律自制，对涉法问题忍气吞声，只要利益侵害不是十分紧迫或危害程度不大，一般不选择法律渠道救济；要么对面临的侵害和已然发生的侵害进行私力报复，或者采取相对更加严重的暴力手段，让对方遭受对等损失或强迫对方支付经济赔偿，导致矛盾升级，合法利益得不到有效保护。二是无诉厌诉。个别学生从内心不愿意与“官方”打交道，主观上对公权力存在畏惧心理，要么认为诉讼太麻烦，自己势单力薄，与强恶力量相比，胜算不大，要么认为诉讼有损个人声誉，能不起诉就不起诉，无形之中使自己的权益在个人虚拟或环境拟设的强权下受到打击与压抑，从而使合法的权利义务关系得不到维护，客观上也影响了法治观念的形成。

（二）官本位观念的影响

从整个社会来看，长期以来的“官本位”观念依然根深蒂固，特别是在一些家庭和社会群体中，“劳心者治人，劳力者治于人”的观念还比较突出，这些观念不可避免地要影响到大学生法治素养的形成，从大学生就业去向选择就可见一斑，绝大部分大学生就业首选公务员和国有大中型企业，崇尚进入体制内任职，追求抱铁饭碗吃公粮，内在的思想观念在于，大多数学生均认为“公权”大于“私权”，背靠大树好乘凉，衙门有人好办事。特别是受极少数权力滥用和公权力炫耀行为的错误影响，一些学生甚至认为，政府层级越高、权力越核心、个人的职位越高，就越不受法律的约束。这种思想在学生学习生活中的主观表现为，在交往中按照家庭、出身、背景等划圈子、立山头，拉帮结派，处于这种观念中的个别核心主体，不仅自身存在绝对的优越感，而且还将在行为和观念上，影响着其他人的价值判断和人生追求，导致学生在社会交往中过多强调自身的权利，对要承担的义务选择性履行。官本位观念在大学生中占据一定的地位，直接影响着法律在学生心中的重要性和严肃性。在大学生法治素养教育的过程中，如果不加以正确引导，不从根本上看清官本位观念的错误根源，势必影响大学生学习法律知识的态度，还将直接影响大学生履行法定权责的心态以及对高校法治素养教育的情感认同。[①]

（三）世俗人情观念的影响

世俗人情观念是横亘在大学生按照法治思维和法律规范处理社会关系中的一道思想山岭，具体表现为面对法与情时的左右为难、举棋不定。世俗人情具体表现不尽相同，有的是封建思想作祟，有的是个人情面难却，有的是个体思想负担过重，无论是哪一种，对于提升大学生法治素养的阻碍都是实实在在的。新中国成立以来，我国通过宪法和法律，对公民的民主权利进行了明确规定，将个人的人身权利设定在法律面前人人平等的框架内，并且在诸如《继承法》《选举法》等法律规范中，也对个体的平等权利进行了具体的明确，但社会交往中，个体的正当权益却经常受到来自世俗人情的干扰。一些女学生，尽管明明知道男女在法律上的平等地位，但却受到男权主义的影响，在社会交往中处于弱势地位，女大学生受到欺凌或侵权的频率要远高于男大学生。绝大部分学生都知道契约合同是社会交往中不可缺少的法律文书，是设定和保护当事双方权利义务的有效规范，也是出现纠纷时主张权利时最直接最有效的证据，但现实中，大部分学生表示，碍于亲情、友情和个人颜面，在与亲戚朋友进行诸如借款、交易、用工等民事交往中，在明知道不立契约文书会带来法律风险的情况下，仍然不愿意去订立合同。另外，家族伦理的传统观念在学生中也占有一定的地位，部分学生在面对家庭利益时，仍然屈从于传统观念的制约，这种影响的表现有两个方面，一方面，在家庭关系中，部分学生在遭受家庭暴力时，选择屈从，导致暴力的延续甚至升级；另一方面，当家庭成员涉嫌违法犯罪时，会无视法律的威严，帮助家庭成员主动隐瞒和串供隐匿，严重的还会协助亲人犯罪，让自己要么不履行证人的义务，要么成为从犯和帮助犯。

---

①蔡笑．新时代大学生法治素养培育的多维路径[J]．山东商业职业技术学院学报，2023(03)．

二、不良社会风气冲击法治地位

市场经济的发展带来了经济的繁荣和社会的进步，但同时也导致了人们的道德观念与价值标准的变化，特别是在面对市场环境中巨大的利益诱惑以及资本主义腐朽文化的拉拢侵蚀时，其现实存在的负面因素将对大学生的思想道德造成不容忽视的影响，特别是金钱至上、重利轻义和诚信缺失等问题，不断挑战法治观念中有关公平正义、诚实守信的底线，对大学生法治素养提升所产生的冲击也是前所未有的。

（一）金钱至上

市场经济从来都不反对物质利益，并鼓励人们通过合法的途径，通过自身的努力来实现个人价值与利益的最大化。但在市场行为中，人们对于利益的追求，往往转化为对金钱的盲目崇拜，要么简单地将金钱作为衡量个人价值以及事业成功的标准，要么将拥有金钱和享用金钱作为生活质量甚至幸福程度的指标，使个人对金钱的态度变得扭曲。金钱至上的观念，对于大学生的影响也十分深远，具体到法治素养的提升中，会导致大学生价值观念的偏移和是非观的蜕变。有的学生把追求金钱作为人生唯一目标，认为读书也只是为追求金钱做铺垫，把大学文凭当成谋取金钱和地位的跳板，对金钱的盲目追求很容易导致资本主义利益观的形成。邓宁·托马斯·约瑟夫认为，一旦有适当的利润，资本就胆大起来。如果有10%的利润，它就保证被到处使用；有20%的利润，它就活跃起来；有50%的利润，它就铤而走险；为了100%的利润，他就敢践踏一切人间法律；有300%的利润，它就敢犯任何罪行。

例如：2017年12月，武汉市公安局治安管理局打掉网络制售非法出版物的犯罪团伙，抓获犯罪嫌疑人5名，该团伙主要成员都是“90后”，学历均为本科以上。团伙的主要人员唐某是个“90后”女研究生，由于自己创作的小说含有低俗内容，无法通过正规出版社发行，为牟取利益，竟将自己的小说自行“出版”，伙同他人在网络上大肆售卖。

如果大学生长期受到金钱至上观念的影响，在金钱的诱惑下，个别学生的法治理念会发生严重变形，在谋取金钱的过程中，会不择手段、铤而走险、漠视法纪，严重的还会走上犯罪的道路。

（二）重利轻义

客观来讲，每个人不可避免地要将个人利益作为自身追求的一部分，法律的出现，使个人利益与他人利益之间的关系调整趋于公平、合理，在法律允许的范围内追求个人利益，无论是从法律上还是道德上来讲，都是无可厚非的。但现实中，一些社会个体很难以摆正自身利益与他人利益之间的关系。利，作为个体的主观追求，既包括金钱、物质上的利益占有，又包括精神、思想上的个人享受。绝对的利己主义，会将利益作为价值的基础和奋斗的目标，主张将谋求利益作为个人一切社会行为的目标，把个人利益置于高于一切其他利益的地位，必将导致个人利益的无限放大，对他人利益的无限忽略，使得一切交往目标变得功利而庸俗。重利轻义的现象在学生中也有一定的体现，小到学习目标的实现，大到个人价值追求的设定，都容易走入自私自利的误区。这种误区，必将促使一部分学生为了追求个人利益的最大化，而忽略法律法规的约束，轻视别人利益的合理合法，甚至为了追求自身的利益，不惜损害他人和集体的利益，触犯道德和法律的底线。大学生受到重利轻义的影响，不仅直接影响着大学生法治素养的提升，而且极易破坏法治素养教育中努力构建的法治观念和思想道德教育中构建的价值观念，使大学生基于法律规范的是非观念出现动摇，基于社会主义核心价值体系的价值观出现扭曲。

（三）诚信缺失

在强烈的市场竞争环境中，在此消彼长的利益争夺中，一部分人为了获得竞争主动权，为了赢得更多的个人利益，不惜损害交往间的诚信基础，而且随着以逐利为目的的市场行为向各领域不断拓展，诚信缺失问题已经广泛出现在政治、经济、文化领域。在政治领域，个别官员说一套做一套，表面共产主义，实则个人主义，表面廉洁奉公两袖清风，实则贪污腐化为所欲为，还有的官员从进入仕途第一步起，年龄、学历、经历全面造假，对党不忠诚，毫无诚信可言；在经济领域，假冒伪劣、短斤少两、以次充好、偷税漏税、偷梁换柱行为不绝，有的甚至直接拒绝或逃避履行合同义务，拒不偿还经济债务等，成为法院通报的“老赖”；在文化领域，各种假学历、假专利、假成果、假论文盛行，打开搜索引擎，输入“发表论文”等关键词，论文中介广告无孔不入，从代写代发论文到代出书代评奖代研究，无所不能。大学生不仅在人生观、价值观上还处于塑树与强化期，而且对一些诚信缺失现象也缺乏法律标准上的正确判断，主客观上都极容易受到负面现象和负面观念的影响，特别是在具体的学习活动中，个人付出极大努力，而结果却与那些投机取巧的学生结果相同甚至相差时，急功近利、参与不正当竞争、作出不诚信行为、挑战法律底线，就会成为摆在大学生面前的一道选择题，没有法治素养作保障，作出什么样的选择很难保证。

三、司法不公现象影响法治威信

法治环境建设的好坏，一定程度上体现在司法的公信力上。所谓司法公信力，是既能够引起普遍服从，又能够引起普遍尊重的公共性力量，它表现为司法权所具有的赢得社会公众信任和信赖的能力。习近平总书记指出，由于多种因素影响，司法活动中也存在一些司法不公、冤假错案、司法腐败以及金钱案、权力案、人情案等问题，这些问题如果不抓紧解决，就会严重影响全面依法治国的进程，严重影响社会公平正义。影响司法公信力的事件，在社会中的表现形态有多种多样，有的是司法机关在执行法律过程中存在不公正、不公平、不透明的行为，这些行为经过网络媒体的过度解读或者其他个体、平台的过度传播，导致司法公信力受到影响，也有的是因为别有用心的个人故意歪曲，相关的司法或政府机关缺乏必要的应对，未能及时就具体事情进行公开、透明的宣传解释，导致错误观点在一定范围内蔓延，人为影响了司法公信力。大学生对社会热点敏感事件，既缺乏判断的依据，又缺少亲身经历或见证的体验，受到负面消息影响或左右的可能性增大，而且在别有用心的人的误导下，容易将个别问题普遍化，将小问题放大化，降低民众对司法机关和司法行为的信任感，直接冲击对法律的信仰，对法律规范的自觉遵守，也一定程度上影响着法治素养的提升。

（一）冤假错案的负面影响

党的十八大前，由于受一些不良政治生态环境的影响，在一段时期内，个别司法、执法机关、部门以人治代替法治，以行政手段替代法律程序的行为一定程度存在，个别执法成员片面追求破案率、结案率；在司法、执法过程中不能严格按照法律规定的条件、标准、程序办事，特别是在证据标准的把握上存在瑕疵；在证据的获取以及认定上出现违法行为，而且在案件的审理与执行上不够公开透明，导致司法系统中出现了一些冤假错案。这些案件中，有的被告人身陷冤狱长达十余年，有的被错误地执行死刑，一些司法机关为掩盖这些错误行为，手段粗暴、方法不当，又产生了新的负面舆情，给国家司法、执法机关的公信力带来了严重的损害。

据《法制日报》2016年12月3日报道：1995年，河北省鹿泉县人聂树斌因故意杀人、强奸妇女被判处死刑，剥夺政治权利终身，同年4月27日被执行死刑。2014年，最高人民法院指令山东省高级人民法院复查河北省高级人民法院终审的聂树斌故意杀人、强奸妇女一案。复查后因不能认定聂树斌杀人强奸，2016年12月2日，最高人民法院第二巡回法庭对原审被告人聂树斌故意杀人、强奸妇女再审案公开宣判，宣告撤销原审判决，改判聂树斌无罪。

个案尽管是少数，但给社会心理，特别是对法治生态的破坏程度不可低估，部分群众，特别是亲历和亲见错误事件的群众，出事不信政府，办事不靠法律，法治观念受到很大的冲击，其中包括不明真相的大学生。

值得肯定的是，党的十八大以来，在党中央的坚强领导下，在检察系统、纪检系统的强力监督下，在人民法院的大力纠错下，一大批具有重大社会影响的冤假错案得以纠正，比较典型的有河南赵作海案，浙江张辉、张高平案，内蒙古呼格吉勒图案，甘肃沈六斤案，天津李松案，吉林刘吉强案，安徽杨德武案等，一大批对错误案件负有责任的执法者被追责，对于司法、执法机构的形象与信誉重塑起到了重要的作用。

（二）贪污腐败的负面影响

贪污腐败问题不仅损害了政府和公职人员的形象，败坏了社会风气，且由于贪污腐败背后必然产生权钱交易、以权谋私，导致公权力滥用，公共财力的浪费，社会资源的分配不公，对法律的权威和法治的公信有着非常严重的破坏作用。特别是在一些腐败势力的干预和影响下，法治活动和市场行为中出现特殊阶层，他们不讲能力讲关系，不讲法理讲背景，在社会中为非作歹，就大学生而言，一些"官二代""富二代"，在学生中有着很大的影响力，普通学生通过不断努力仍然很难获得的社会地位、社会资源，在他们眼中如探囊取物。一些大学生不能用客观的眼光看待这些现象，盲目追随。一些大学生甚至认为，普通百姓出现权益侵害，如果没有关系背景，很难通过法律途径合理解决，于是热衷于找人脉，不仅在客观上放任了腐败现象，主观上还会主动效仿。据中国之声《新闻晚高峰》报道，大连某大学讲师曾致学生一封公开信，斥责一位学生企图贿赂他以便通过考试。

党的十八大以来，以习近平同志为核心的党中央，坚决把权力关进制度的笼子里，不断加强纪检巡视和审计监督，不断加强党的作风纪律建设，不断强化司法体制改革。坚持反腐败无禁区、全覆盖、零容忍，坚定不移"打虎""拍蝇""猎狐"，不敢腐的目标初步实现，不能腐的笼子越扎越牢，不想腐的堤坝正在构筑，反腐败斗争压倒性态势已经形成并巩固发展。党的十八大以来，腐败问题得到了有效遏制，但要想使腐败现象产生的毒素根本清除，还需要有一个长期的过程，要清除腐败现象对人民法治观念的冲击，特别是对大学生法治观念的冲击，还有很长的路要走。

（三）法律体系偶有滞后的负面影响

影响司法公信力事件的存在并产生影响，法治体制的部分滞后，也是一个不容忽视的问题。特别是司法体系能否真正排除外力干预，独立行使职权，司法监督体制能否真正无禁区全覆盖，还需要进一步完善制度。

一是司法权独立行使不受干预问题。司法机关，特别是检察机关和审判机关的行政化管理，一直是影响司法活动公正实施的现实阻力。只有从制度上真正保证司法机关和司法成员能够按照宪法赋予的权力独立行使侦察权、审判权，才能保证司法活动不受地方保护、行政管理和个人私力干扰，让司法活动始终沿着法律的轨道运行。

新华网报道：2014年11月至2015年1月，内蒙古巴彦淖尔农民王力军在没有办理粮食收购许可证及工商营业执照的情况下买卖玉米，被当地法院以非法经营罪判处有期徒刑一年，缓刑二年。一审获刑后，王力军并未上诉，但引发舆论关注，最高人民法院指令巴彦淖尔市中级人民法院再审。2017年2月17日，巴彦淖尔市中级人民法院再审后认为，王力军的行为违反当时的国家粮食流通管理有关规定，但尚未达到严重扰乱市场秩序的危害程度，不构成非法经营罪，改判王力军无罪。王力军案所反映的就是司法机关的裁判受到行政力量干预，导致一起违反行业管理规定的问题，却受到了法院的判决，尽管后果并不严重，但外在的负面影响却十分深远。

二是司法裁判的效力问题。公民对司法机关的不信任，恐诉厌诉，一个重要的原因就是当前司法裁判的效率依然不高，一些案件长年积压、久拖不决，还有的案件虽然得到了公正的裁判，但真正执行起来，依然困难重重，司法活动的低效率与人民群众对法治建设的高期望存在着一定的反差。

据《北京青年报》报道：2015年10月6日，唐山男子赵勇的父亲赵香斌遭遇车祸，成为植物人，唐山市中级人民法院判决肇事者黄淑芬赔偿赵勇一家85万余元，限判决生效后十日内给付。两年多来，黄淑芬自己购置了新车，买了首饰，但对赵勇家既未主动承担医疗费，也没有道歉。赵勇于2017年9月5日申请法院强制执行，黄淑芬未按要求申报财产，拒不履行生效判决，被法院纳入失信被执行人名单，并限制高消费。2017年12月1日赵父去世，2017年12月22日上午，因涉嫌交通肇事罪，黄淑芬被警方刑事拘留，经检察院批准，被执行逮捕。

服从法律的规范与调整，是法治对每个公民提出的起码要求。司法裁判的效力，既关系到司法机关的威信，又关系到法律的严肃性，必须坚决执行。如果生效的判决不能得到有力有效执行，必将影响法律的威信，动摇法律的地位。

三是律师在法律裁判中真正发挥作用的问题。控辩双方合法权益的保护，离不开辩护人的积极参与和呼吁，只有在司法活动中重视律师的作用，保证律师参与司法活动中的权利得到保障，才能在控辩平等的前提下，让法官在审判过程中做到兼听则明，作出公正的裁判。

据《法制日报》报道：仅2017年11月份，全国律协维权中心共收到维权申请3起，各省（区、市）律师协会收到申请近40起，被侵权类型分别是知情权、申请权、申诉权、控告权，以及会见、通信、阅卷、收集证据和发问、质证、辩论、提出法律意见等合法执业权利受到限制、阻碍、侵害、剥夺；受到侮辱、诽谤、威胁、报复、人身伤害；被非法关押、扣押、拘禁或者以其他方式限制人身自由等。

个别司法机关和一些控辩对象利害关系人，无视、限制、剥夺律师的合法权利，无视律师的合法诉求，甚至将律师置于法治的对立面，严重影响了律师在司法活动中的作用发挥，使司法活动的公正程度受到质疑。

第四章　大学生法治素养教育的理念、目标与体系

全面加强新时代大学生法治素养教育工作，既需要明确前进方向，也需要明晰发力之关键，也就是需要树立什么样的科学理念，明确什么样的教育工作目标，构建科学的教育工作体系，这正是本章研究讨论的宗旨所在。

第一节　大学生法治素养教育的理念

传统的大学生法治素养教育工作以法律知识传授为主，教育工作理念并不明确，实践中存在碎片化、形式化的问题，方式载体单一、教育资源配置不足。大学生法治素养教育欠缺，难以满足全面依法治国的发展要求，也不适应新时代的法治发展环境。大学生法治素养教育需要树立并坚持新的先进工作理念，用先进的工作理念构建教育工作体系，用一流的体系保障大学生法治素养教育高质量发展。

一、融入

大学生法治素养教育作为高校思想政治工作的重要组成部分，必须

着重把习近平总书记关于全面依法治国、关于教育尤其是高校思想政治教育、法治素养教育以及青年成长成才的重要论述融入、贯通于大学生法治素养教育的全方位、全过程。脱离了党的领导，背离了党的指导思想和教育方针，就容易违背“育人为本”“科学育人”的教育要求，难以实现培育具有良好法治素养的大学生这一目标。

高校法治素养教育工作者要加强理论学习，深刻领会习近平总书记关于全面依法治国、高校思想政治工作、青年学生成长成才等重要论述中有关大学生法治素养教育的内容；坚持以有关思想、理论为指导开展工作，加强理论与实践研究，探索富有成效的大学生法治素养教育工作模式、路径；贯彻落实有关思想、理论，并将其融入法治课堂教育、法治文化建设、法治社会实践、法治主题教育以及法治大赛活动等法治素养教育的载体中，融入大学生法治素养教育的各个阶段。

二、引领

坚持以法的价值教育引领大学生法治素养教育工作。大学生法治素养体现了大学生认同、尊崇法的基本价值，法的基本价值在大学生的人生历程中起到重要的价值引领作用，保障其始终沿着正确的方向在成才道路上行稳致远。树立引领的理念，就是要重视法治价值观的引领作用，将工作重心由法律知识传授转向法治价值观教育，实现从重视法律知识、制度到重视法律价值、精神的转变，以法治价值观教育引领法治素养教育工作。

坚持以引领的方法提升大学生法治素养。我国传统的教育方法以灌输为主，缺乏对学生情感体验的关注，没有很好达到情境式、浸润式的效果，学生受教育的过程较为被动，教育的针对性和时效性还不够强。坚持引领的工作方法，就是要变灌输为引领，增强大学生在受教育过程中的主体性体验，丰富法治主题教育，加强法治实践，营造良好法治文化氛围，激发大学生的主动性和创造性。

三、创新

大学生法治素养教育工作要坚持创新的理念，在教育目标、工作内容、方法载体、评价机制上进行创新。

在教育目标上创新。大学生法治素养教育并非法律人才教育，因而传统的法律知识传授仅仅只是手段而非目的，法治素养教育旨在引领大学生信仰法的基本价值，培养法律认同和法治情感，内化于心并外化于行，实现法律知识、法治价值观和法治能力三位一体协同发展。

在工作内容上创新。传统高校法治素养教育主要注重法制教育，但是单纯的法律知识教育无法真正提高大学生法治素养水平，法治素养教育工作要以法制教育为基础、法理教育为重点、法治思想教育为核心，努力构建理论和实践相结合的育人体系。

在方法载体上创新。在利用好、发挥好传统教学教育载体的基础上，拓展课堂外、教材外的方法载体，在教育目标转变的要求下，借助微视频、微宣讲等形式讲好中国法治故事，传递法治价值观；充分利用慕课、学习强国等网络平台，开展全方位、全过程的法治素养教育；加强大学生法治实践，让大学生在更多实践中领会法治精神。

在评价机制上创新。大学生法治素养教育工作的评价机制要与工作目标、工作内容等相适应，要更加重视法治实践，重视过程评价，重视学生法治体验，突出法治价值观塑造和知行合一教育成效。通过调查与统计，了解高校学生在校及毕业后在社会活动中有关的行为样态与尊法、崇法状况，科学、精准评价大学生法治素养教育的实际效果。

四、协调

大学生法治素养教育工作是一项科学系统工程，其属于高校思想政治工作这一大系统，系统所具有的结构性特征，要求系统内各子系统处于协调发展的状态，这就要求在法治素养教育工作中树立协调的理念。

大学生作为一个主体，其综合素养可以视为一个系统，包含了思想道德素养、科学文化素养、法治素养等内涵，当前大学生素质教育重视思想道德和科学文化素养教育，相对忽视法治素养教育，大学生的法治素养比较欠缺，已经形成明显短板，较大限制了大学生成长成才，也难以使之成为社会法治水平提升的引领者。因此，应树立协调的工作理念，从系统的角度关注大学生各方面素养的提升，使之处于协调发展的状态，只有各方面素养协调共进，大学生才能真正担负起实现中华民族伟大复兴的时代重任。

大学生法治素养教育工作也是一个系统，包含工作主体、对象、内容等要素，涉及理念、实施、评价等环节，需要以协调的理念统筹兼顾，以大学生这一教育对象为工作中心，以法治素养教育为主线，多主体协同参与，坚持先进工作理念，建立健全评价反馈机制，协调推进大学生法治素养教育。

大学生法治素养教育属于高校教育这一大系统，这就要求高校统筹教育教学资源，协调推进法治素养教育工作与其他方面教育工作，在当前大学生法治素养较为欠缺的背景下，高校应合理配置资源，适当补强法治素养教育工作。

五、联动

大学生法治素养教育是一项系统的、长期的重要工作，涉及家庭、学校、社会等多个主体，在多主体参与下，各方面工作不是孤立存在的，而是互相影响互相适应的，对此应树立联动的理念。

（一）学校与家庭的联动

学校和家庭是大学生学习生活的主要场所，是大学生法治素养教育的主要阵地，但二者呈现出显著不同的性质和特征，家庭教育和学校教育在时空上具有交替往复的关系，注重并形成家校联动机制，有助于二者形成教育合力，能有效拓宽大学生法治素养的教育阵地，构建良性发展、互相促进的格局。

（二）学校与社会的联动

大学生法治素养教育要注重理论教育和实践教育相结合，学校是理论教育的主阵地，同时发挥重要的实践教育功能，社会则与之形成互补，高校积极拓展在校大学生参加社会法治实践的途径，推动法治实践教育长足进步。在此过程中，学校和社会之间应形成联动，学校与地方党委、政府建立深度合作关系，共同做好政策、制度的顶层设计，充分借助企事业单位、基层社区的平台和资源开展法治实践，协同指导、共同评估，使法治理论教育促进法治实践开展，以法治实践反哺法治理论和精神，促进大学生法治素养水平不断提升。

（三）学校与学院的联动

高校对在校大学生的教育管理，在纵向上形成了院、校的两级管理和育人格局，在法治素养教育工作中，学院作为教育管理大学生的直接责任者，发挥基础性功能，学校在校级层面主要起指导作用，学校与学院在各自分工的基础上应注重联动，学校法治素养教育各项政策、措施的落实，活动的开展，学院应积极响应、配合，学院开展的有关工作，学校应加强指导和支持。学校和学院互相响应，协同合作，形成法治素养教育工作合力。

（四）学校职能部门联动

高校对大学生的教育管理在校级层面上，形成了横向的职能部门分工协作格局。在大学生法治素养教育工作中，专职法治素养教育的法制办或普法办应发挥牵头主导作用，建立协同联络机制，学生工作部门、教育教学部门、法制部门等作为大学生法治素养教育工作的主要力量，应承担关键工作，行政、后勤等部门应履行好依法治理的职责，服务大学生法治素养教育工作。各职能部门应在法治素养教育工作体系中形成联动，互相协调配合，共同致力于提升大学生法治素养。

（五）师生朋辈之间联动

要重视师生朋辈教育的重要作用，不同于学院、学校与大学生的纵向教育管理关系，师生朋辈之间的横向亲友关系更有利于实现教育成效。要形成师生朋辈之间教育的联动，积极提供、拓展法治素养教育平台、交流分享平台，充分发挥学生法治宣讲团的示范引领作用，以法治理论与实践的先进榜样带动师生群体共同发展进步。

融入、引领、创新、协调、联动是培养大学生法治素养的基本理念。在五大理念的指导之下，我们还要明确大学生法治素养教育的基本任务。有了任务才有目标，有了任务才有纲领。

第二节　大学生法治素养教育工作的主要目标

大学生法治素养教育工作要以促进大学生德法兼修为目标，以建立完善大学生法治素养教育体制机制为保障，聚焦全面提升大学生法治素养教育质量。在大学生法治素养教育的过程中，必须明确教育工作目标。依据教育目标，构建与之相适应的体制机制，在法治知识学习中提升法治素养，在法治文化环境中熏陶法治素养，在法治实践环节中落实法治行动。让高校专业的法学学科为法治素养教育提供保障，让法律课堂成为法治素养教育的前沿，让法治教材成为法治素养教育的依托，让依法治校的治理和服务体系为法治素养教育创造环境。以明确的目标为大学生法治素养教育作方向指引，从宣传法律知识向形成法治思维、确立法治信仰等方面转变，构建好现阶段大学生法治素养教育路径，纠正教育方法中存在的错误倾向，进而培养新时代高素质法治人才，推动形成法治素养教育的新格局。

一、内容更加完善

大学生法治素养教育的内容供给决定了实际教育效果，如果提供的内容不是大学生的“菜”，教育的针对性和实效性就大打折扣。这就需要首先在供给侧下功夫，把教材编好、把课教好、把网建好，开展更高质量的普法活动，让大学生接受更加丰富的法治实践锤炼，进而坚定社会法治文化自信。

（一）把教材编好，提高教材质量

法治素养教育是高校思政教育的重要环节，教材是学校教育开展的依据和依托，因此完善的教材内容是提升法治素养教育质量的基础。在教材编写团队上，以往由教师个人“单打独斗”导致教材内容欠缺，进一步又使得教师教学素材无据可依，从而陷入了高度依赖教师个人素质的教学循环怪圈。为了改变这种情况，应推行由团队负责的教材编写方式，这需要由理论专家和一线教师共同组建教材编写组，集思广益，共享教学资源，保障法治教材内容上的完善性。在教材的编排上，应创设以问题为导向的专题教材板块，精心设计并打造优质的法治专题。诸如：我们为什么需要法治知识？中国法治道路的生命线有多长？我们需要什么样的法治观？在具体问题的设置上，应该在内容上循循善诱，在逻辑上环环相扣，在形式上生动活泼，既能给学生带来丰富的收获，又能激发学生的学习兴趣，进行研究性学习与探索。在教材编写内容上，要紧跟时事热点，利用社会当前的新闻素材营造具体的社会环境，便于学生理解中国的国情，理解中国特色社会主义法治。在教材编写形式上，不应局限于纸质教材。在以往的教材编写过程中，相关部门只重视纸质教材甚至只有纸质教材，这从一定程度上造成课堂教学的单向输出与手段单一等问题。新时代，多媒体设施已经在高校普及，教材编写应保持形式上的多样化，包括编写配套的课件、制作相关的视频等，让一线教师有素材可供选择以改进课堂教学方式。甚至可以利用微信、微博等媒体平台开设教材解析相关专栏，便于教师素材的积累和学生课堂之外的自主学习。

（二）把课堂教好，丰富教学内容

法治素养教育必须旗帜鲜明、毫不含糊。高校应强化依法治校的鲜明导向，把法治教学作为思政教育的基础内容。教学内容要具有前沿性和时代性，要积极推进课堂教学同校园生活、社会时事紧密结合，深化学生对法治内容的理解，提升法治素养教育的说服力和感染力，促进学生从理论走向实践。教学方式要体现科学性和创新性，教师要充分了解学生的需求，善于"翻转课堂"，开展以学为主的课堂，切实增强法治教学的针对性和实效性，结合日常生活和专业背景，为不同学科的学生量身定制具有不同侧重点的课堂，充分调动学生法治学习的兴趣和能力。教学资源要充分利用，利用网络信息技术发展带来的成果，特别注意开发慕课的价值，让慕课承担一部分教学任务，便于学生灵活运用时间学习，同时便于教师在课堂开展更为丰富、更为深入的教学内容。

（三）把网络建好，扩大法治供给

网络凭借独特的便捷性、规模性和共享性，日益成为教学的重要阵地。法治素养作为全民尤其是学生的必修课，需要借助网络平台普及教学。国家平台、地方栏目、高校资源都应该容纳优秀的法治教学资源，形成从国家到高校阶梯式的资源网络，让每个身处网络中的大学生都能够享受优质的法治教学服务，接收丰富的法治教学信息。同时，这些丰富优质的资源必须向公众开放，法治素养教育本就应该依靠公众、服务公众。同时注重利用发展日渐成熟的自媒体平台，如微信公众号、微博号、抖音短视频等，在平台中发布相关学习内容或与时事热点密切相关的法理分析，利用网络对日常生活的影响开展法治素养教育。

（四）把普法做好，提高普法实效

各高校应立足实际，结合"12·4"国家宪法日，坚持安排宪法日进校园主题活动，通过召开师生之间的"国家宪法日"座谈会，了解普法需求，完善普法供给。高校主流媒体要积极策划并组织特色鲜明、形式多样的宣传活动，形成整体联动。要注重普法宣传物质材料和丰富的精神活动双管齐下，编写吸引学生、质量上乘的普法宣传手册，配合校级、院级、班级的普法活动，力求普法取得良好效果。同时，高校要实现普法常态化、制度化、长效化。

（五）丰富法治实践，厚植法治情怀

法学学科是实践性很强的学科，法学教育要处理好知识教学和实践教学的关系。在做好教学内容创新的基础上，整合校外法治素养教育资源。充分利用“大学生创新创业大赛”“挑战杯”等大规模赛事的契机，让法治知识、法治文化走进赛事。组织法治实践项目参赛，在一次又一次的实践调查、志愿行动中将法治思维外化于行，锻炼法治能力，涵养法治文化。重视校园内部的文化建设，充分发挥大学生的创造力，引导大学生开展与法治文化建设相关的活动，如“12·4”国家宪法日活动等，既可以让参与者在活动中获得法律知识的启迪，接受法治文化的熏陶，又可以让法治文化走出校园，服务社会。同时，要鼓励组织大学生走出去，开展法治调查，参与法治宣传教育实践活动，在实践中提升法治素养。组织大学生进行普法实践活动，让大学生了解国情，加深对法治的理解，同时也发挥大学生法治素养的引领作用，带动社会整体法治素养水平的提高。

（六）建强法治文化，涵养法治自信

在新时代新形势的要求下，高校校园文化建设正在如火如荼开展，校园法治文化正是其中不可或缺的重要环节。校园法治文化不仅能够让大学生学到法律知识，而且能够提升大学生的道德素养。法治建设硬件设施与文化软环境是相辅相成的一体两翼，必须全面开发，要拓宽法治文化传播的渠道，例如建设法治文化广场、长廊和文化墙等，打造质量过硬的法治建设氛围。对于法治文化软环境，要鼓励师生创造一批以校园法治文化为主题的文学、表演、影视等作品，扩大法治感染力。要充

分发掘教师、朋辈等多主体的法治榜样力量，提高法治榜样的传播力、引导力和公信力，推进法治文化入脑入心。

二、标准更加健全

进入新时代，我国高校法治素养教育工作不断加强。随着高校法治素养教育的需求规模进一步扩大，我们的法治素养教育也越来越受到重视。但在实际操作中，在依法治校的过程中，又暴露出种种问题，其中最为迫切的就是尚未形成科学合理的大学生法治素养教育标准规范，健全高校法治素养教育标准的重要性日益凸显。加快校园法治建设，提高大学生法治素养教育质量，必须增强标准意识和标准观念，形成可观察、可量化、可比较、可评估的工作机制，充分发挥标准的引领作用。

（一）组织领导坚强有力，教育工作机制健全

要做到这一点，需要各高校党委班子成员牵头，由学校宣传、法制、教学等部门共同组成法治建设联席会议，定期召开会议，部署学校年度法治建设重点和要求，严肃法治内容的规范性和标准性，压实各项任务的主体责任。坚持依法治校，形成以大学章程为核心的管理框架，注重校内规章制度的更新，及时修订、清理各类规章制度，实现规章制度的与时俱进。同时，积极探索法治建设模式，在教师教学、学生教育、考核方式等方面进行积极探索和有益尝试，推动形成校园法治素养教育一体化机制。

（二）法治教学科学有序，教育水平稳步提升

高校教师和学生是法治素养教育的两大主体，决定着法治素养教育的成效。教师应具备符合教学的法治素养，非法律课程的教师应自觉守法，熟悉和掌握基本的法律法规，结合自身实践，能够为学生树立榜样。法律课程的教师应具备全面而专业的法律知识和能力，能够为学生扩大法律视野、深化法治理论、运用法律能力提供专业指导。学生是法治素养教育的直接参与者、受益者。为实现法治素养教育的规范化建设，确

保教育措施落到实处，可将教学环节清单化，通过法治学习手册，将教师的备课授课任务、学生学习掌握任务融入教学计划。同时注重辅导员队伍法治素养的提升，辅导员与学生关系密切，在高校生活这个更大的课堂中引导教育学生。因此辅导员具备完善的法律知识，能够更为全面地开展大学生法治素养教育，高校应将法治素养纳入辅导员考评标准之中。

（三）法治实践活动丰富，实践质量不断攀升

法治理论不能被束之高阁，法治素养教育具有突出的实践性。法治实践活动的数量与质量影响着高校大学生感受法治、认知法治、运用法律的成效。高校要积极探索开拓法治实践活动，融合校外法治资源，提供“法治实务实践基地”“学生法治课题立项调研”“法治现场观摩”等多样的活动，明确活动内容和频次，给予实践活动激励，支持学生走近法治、深入法治，亲身感悟和经历法治活动。高校要重点关注和考评法治实践活动的产出率、创新性、参与度，使其成为法治实践活动质量的重要指标，从而避免片面追求法治实践活动的数量、不顾质量的误区。

（四）法治教学设施完善，教学资源优良丰富

硬件和软件设施是支撑法治教学的重要基础，决定了法治素养教育的规模和成效。硬件层面，高校应结合区域实际，建设不同类型、不同规模和不同特色的法治文化活动室，打造若干法治建设示范单位。建设一支“师生共同参与”的法治队伍，积极创新法治文化，定期开展法律咨询、法治讲座等。通过法治队伍的建设与服务，让师生参与到校园法治文化的建设中来，成为校园法治文化的维护者。师生与法治文化形成良好的互动，法治队伍本身建设法治文化，法治文化又影响法治队伍的发展。

软件层面，学校可以充分利用网络和媒体资源，拓宽法治教育的渠道。随着科技的发展，网络和媒体已经成为人们获取信息的重要途径。

学校可以利用这一优势，开展线上法治教育，研发适合学校内部使用的法律知识相关的App，让更多师生接触到法治教育资源。还可以制作法治教育视频、开设法治教育微信公众号、举办线上法治知识竞赛等，让法治教育深入师生的方方面面。

（五）监督评价渠道畅通，改进教育有依有据

高校要建设常规的法治监督评价渠道，定期通过校园普法网站、问卷调查等方式，收集教师、学生对学校法治素养教育模式的反馈意见，及时调查核实、公正处理监督过程中发现和投诉的问题，向投诉人员反馈调查结果和改进举措。同时，对法治素养教育机制的运行情况和教育教学人员进行评估，根据评估结果改进法治素养教育机制和路径。

三、运行更加科学

大学生法治素养教育工作体系运转高效、流畅，推动工作任务落实落细，需要把握以下几个重点。

（一）以全面依法治国战略为统领，确立新时代高校大学生法治素养教育的标准

坚持法治建设，推进依法治教、依法办学、依法治校，将高校大学生法治素养教育作为现代化教育重要内容，创新法治素养教育体系，实施支持政策。围绕依法治国的总体性要求，细化高校法治素养教育的发展目标和规划设计、工程项目，结合社会发展和综合全面的现代化人才素质的要求，制定高校大学生法治素养教育的新标准。这个标准应当符合依法治国的总体要求与社会对大学生的实际需求，具有开放性的特征，能够与时俱进，紧跟时代要求，不断发展完善。

（二）实现高校与实务部门、企业单位、科研院所的实时互动，建立健全法治协同育人长效机制

加强依法治校制度建设。面对校园生活中的一些矛盾或冲突，需要

在法治框架内构建学校的管理、服务等体系，从而建设学校各领域的法治保障体系。社会要积极配合高校，协同教育大学生的法治素养，为高校的教育工作提供实践场所等便利。大学生作为社会中的精英，其法治素养的提升能够使其更好地为社会提供法治服务，引领其他人群，形成高校与社会之间的良性互动。习近平总书记指出，“家庭是人生的第一个课堂，父母是孩子的第一任老师”“有什么样的家教，就有什么样的人”“广大家庭都要重言传、重身教”。因此家长要积极鼓励学生尊法学法，践行法治，同时家庭成员也要主动了解法律，运用法律，为学生提供良好的示范引领作用。

（三）创新教师备课模式，优化专业教师队伍

编写完善的法治教材需要集体通力合作，高质量的备课任务也不能靠单打独斗来完成。高校要建立法治教学备课的团队，涵盖指导专家、授课教师等多个群体，在共同参与的氛围中凝结集体智慧，共同商议探讨科学合理又吸引学生兴趣的教学大纲，克服教学中遇到的种种问题，在交流与争鸣中总结改进。同时，面对法治信息化教学，课件和讲稿成为教学传授的重要载体，应实行分工负责制，发挥各个教师的专长，培育一批专题主讲教师。教师担负起责任的同时，也应注意引导学生参与到备课磨课中来，及时收集学生对课堂教学的意见和建议，聆听学生的声音，根据实际情况及时改进，保证科学性、专业性的同时又能保持学生的关注兴趣。

（四）推进法治教学方式创新，丰富推进法治实践育人长效机制

通过小组合作学习、课堂自主探究等，保证学生积极参与到课前准备、课堂学习、课后反馈、课外活动等各个环节。发挥学生参与法治活动的积极性、主动性，保持课程抬头率、参与率和满意率，提升学生对法治课程的认同感和获得感，促使法治素养教育理念深入人心、教育效果落到实处。

（五）发挥学生学习主体作用，完善大学生法治素养教育的保障与考核机制

结合不同学习阶段的学生，为其量身定制法治学习手册，细化教学环节与进度，将课前准备性学习、课上互动性学习、课后思考性学习纳入手册，清晰呈现学生对各个法治专题的掌握情况和学习心得。通过手册式学习发现学生学习中的疑难点和薄弱环节，教师对此可及时予以个别解答或进行专业指导。法治教学考核是激励学生学好的重要一环，为法治课程成为学生主动学、乐于学的课程提供有力保障。

四、保障更加有力

全面统筹和集聚法治素养教育各领域、各环节、各方面的资源和要素，不断强化条件保障，为大学生法治素养教育工作保驾护航。

（一）构建系统科学的制度保障

一方面，高校要不断优化办学治校的章程及内部治理的规则体系，健全完善与学生切身利益相关的各种制度，使学生能够感知到良法善治。[①]另一方面，高校要积极承担政府智库的角色，积极推动政府开展校园安全立法活动，针对校园内部的特殊性，加强师生权益保护，针对学校、教师、家长、学生等不同身份，提出有针对性的法律要求。

（二）建立校园法治建设专项经费保障

高校应主动设立校园法治建设专项经费并将其列入学校预算，明确专款专用要求。同时，高校可积极向教育部门争取校园法治建设专项经费，提升法治建设的规模和水平。法治建设经费应主要用于教育教学，一方面，为教师进行法治主题的科研工作提供资金支持，提升学校法学学科的实力，同时可为法治课程的教师提供教学奖励，激励课程教师提高授课活力与质量；另一方面，积极支持校园法治文化建设，为学生开

①王纪云．新时代大学生法治素养培育研究[D]．吉林大学，2022.

展法治活动提供经费支持，提升法治活动的创新积极性，从而扩大法治文化的影响力与传播力。另外，学校也可引入社会资源，开设法治知识培训班，为相关课程的教师或学生提供实践机会，同时也可以为学校法治工作增加经费，形成法治工作建设与收益之间的良性互动。

（三）建设高素质法治人才队伍保障

无论是提升大学生法治素养各项工作的顺利开展，还是依法治国方略的具体实施，都必须有一支强有力的法治工作队伍来做保障。优秀的法治人才往往能带领集体高效完成工作，能在提升大学生法治素养的过程中匠心独运，提出别开生面的教育路径。大学生法治素养的提升，也必须有高素质的法治人才来引导。因此，各高校培养大学生成为高素质法治人才的同时，也要加强建设法治教师队伍。一支专业水准高、法治素养高的教师队伍才能培养出一批批高素质的法治人才。高校应打造法学专业教师、法治课程教师、辅导员队伍、全体教师的层次结构，形成法治教师队伍体系。

（四）完善法治基础设施条件保障

高校法治素养教育离不开特定的平台和载体，要着力配齐“线上+线下”的基础设施，为有效开展法治素养教育活动提供扎实的根基。一方面，要搭建新媒体云平台，为学生随时随地学习法律提供网络资源，充分利用“学习强国”等移动平台，开设法治学习专题版块，方便学生随时学、充分学；另一方面，要丰富完善法治素养教育产品，通过提供法治教学基地、法治文化长廊、法治文化产品等，多途径、多方式地保障学生接触学习法治文化，推动“CCTV-12”“今日说法”等法治专题节目进校园、进课堂，为学生提供有效的法治新闻服务。鼓励创造和引进优秀的法治文化作品，搭建校园法治文化学习点，为学生在日常生活中了解法治、学习法治提供条件。

五、成效更加显著

在教育内容、教育标准、运行机制、条件保障上下功夫，最终的目的是培养一流的法治人才，产出一流的法治理论与实际成果，并形成实践证明行之有效的制度体系，这既是大学生法治素养教育工作体系的建设目标，也是推进高校法治素养教育工作现代化科学化的价值导向。

（一）教育和培养一大批高水平高素质的法治人才

教师是立教之本、兴教之源，要做“学生健康成长的指导者和引路人”。高校教师的法治素养与能力很大程度上决定了法治素养教育的成效，需要新时代高校法治教师做到以下几点：其一，拥有坚定的政治立场，确保法治素养教育的基本方向；其二，具备深厚的理论功底，保证法治素养教育的质量；其三，对我国的基本国情有较为详细的了解，只有这样才能将理论与实际结合，教育出符合中国国情的法治人才。高校要围绕这三点打造一支坚强有力的法治教师队伍。这个队伍应由三个批次组成，专家带领、优秀教师为骨干、专兼职教师托底。同时，高校鼓励、引导和支持学生参加法学学术和法治文化交流、竞赛活动，在交流活动中传播中国特色社会主义法治思想。高校应该培养出真正服务法治社会建设的高素质大学生，其具备坚定的法治信仰，具有牢固的法治思维，拥有一流的法治能力，从而奠定坚实的法治人才基础。

（二）产出一系列一流高校法治成果

高校要积极承担智库角色，参与国家立法活动，推动完善中国特色社会主义法治体系。积极参与课题申请立项，牵头钻研法治领域的前沿内容。同时，为响应建设社会主义法治国家的要求，高校应积极探索法治人才服务法治社会建设的有效途径，将法治人才转化为法治国家、法治政府、法治社会建设的不竭动力。努力磨砺法治教学的能力，打造国家一流的法学专业学位授予点，积极与海外知名高校进行文化交流，借鉴国外法治人才教育、大学生法治素养教育的成功经验，研制出一整套高水平的法治课程并将其数字化，编写一批将学术性、专业性和趣味性融会贯通的精品教材，把自身建设成为专业的法治教师培训基地。

（三）形成一套运行有效、科学完备的高校法治制度体系

良法是善治的前提，高校法治素养教育是一个全周期、持续性的工作，有赖于一套健全的法治制度体系。学校根据已有的法治素养教育制度，结合现有法治素养教育经验，不断推陈出新，建构出完备有效的法治制度体系，为高校大学生法治素养教育保驾护航。同时，制度的生命在于实施，高校法治制度体系落到实处，才是最好的法治素养教育素材。要根据法治制度在实际运行中可能面临的难处，及时修订、动态调整不合时宜的规则制度，确保法治制度体系的权威性和有效性。

构建科学的大学生法治素养教育工作体系，首先要有完善的法治教学内容，这是所有教学活动开展的前提，也是所有法治素养教育措施能够真正落实的基础。制定完善的法治教学内容之后，还要有一套健全的教育标准来衡量内容是否合理，执行是否到位，做到可观察、可量化、可比较、可评估，才能对法治素养教育的实际情况有正确的认识。完善的内容和健全的标准只是体系的两个点，要想连点成线、连线成面，还需要运行科学的教育体系。科学的教育体系是教学内容可以被传授、教育标准能够进行评估的关键。为了确保教育体系能够正确运行，还需要制度体系来保障，这是确保法治教学活动正常开展的防线。当然，以上所有措施都是为了一个目的，即取得显著的法治成效。这五点联系密切、互相促进，在良好的互动中组成科学的大学生法治素养教育体系。

明确了基本任务，我们对大学生法治素养教育的目的就更为清楚了。但只有理念与任务还是不够的，我们要真正有效实施教育，必须明确大学生法治素养教育工作体系有哪些主要内容。

第三节　大学生法治素养教育工作体系的主要内容

大学生法治素养教育工作体系建设是一个系统工程，涉及高校的学科教学、法律武装、日常教育、队伍建设、治理服务、评估督导、实施保障等方面，需要统筹推进、加快建设完善。

一、学科教学体系

大学生最重要的任务就是学习科学文化知识，锻炼自己的本领。因此大学生法治素养教育的内容，也要从学科教学开始。

（一）办好法律基础课

推动高校法律基础课改革创新，强化法治精神引领，深化法律的学理支撑，加强法治规律研究，创新法治教学方式方法，提升法律基础课的教学质量，不断增强法律基础课的针对性、启发性和亲和力。习近平总书记对思想政治理论课改革创新提出的“八个相统一”的要求，对法律基础课建设同样具有重要的指导意义，扎实推进法律基础课建设的思路、师资、教材、教法、机制、环境上新台阶。遴选全国中青年法学家等名家大师参与法律基础课的讲授。把新媒体技术引入法律基础课教学，创办高校法律基础课创新（示范教育）中心，打造高校法律基础课资源平台和网络集体备课平台，推出更多高校法律基础课“金课”。

（二）强化法学学科的育人作用

深入开展法学理论研究和建设，强化法学学科的引领示范作用，构建世界一流的法学学科体系。加强法学教材规划编审和规范选用工作。加大哲学社会科学各学科专业中的法学、法律课程建设。扎实推进哲学社会科学专业课程法治建设，法制史、法理学类专业课程要帮助学生掌握马克思主义法治观和方法论，深刻理解习近平总书记关于法治的重要论述，自觉弘扬社会主义法治文化。

（三）推进课程法治建设

重点建设一批提高大学生法治素养的公共基础课程。经济、管理类专业课程要注重公司法、海商法、企业破产法、工业企业法、合伙企业法、会计法、注册会计师法、预算法、统计法、审计法等方面的法律知识，加强学生对法律的理解，正确应用在工作领域中。理学、工学类专业课程要注重保密法、消防法、知识产权法以及科研合同、技术合同、工程合同等方面的法律实践训练，培养学生法律意识和规范意识。农学类专业课程要注重教育学生农业法、渔业法、土地管理法、草原法、森林法等方面的法律知识，让学生熟悉农林牧渔相关的法律知识。医学类专业课程要注重加强从医相关的法律知识，在教育学生医者仁心、精湛医术的同时，更要教育引导学生守规，不逾越从医底线。

二、法律武装体系

学科教学的内容必须有法律体系作为依托，因此大学生法治素养教育必须重视法律武装体系。

（一）加强法治信仰引领

切实把马克思主义法治理论、习近平总书记关于全面依法治国的重要论述有效落实到法治素养教育教学各方面，开展大学生法治素养教育专题培训，编写出版大学生法治理论通俗读物，打造法律基础课示范课堂，深入开展系统化、学理化、学科化研究阐释，运用法治课堂教育、法治文化建设、法治社会实践、法治主题教育以及法律知识竞赛活动等载体，开展全面系统、针对性强的教育实践活动。推动大学生法治素养教育常态化、制度化，在日常生活中弘扬法治精神，在实践中加强法制史教育；将培养大学生法律自信、制度自信作为重要一环，引导师生牢固树立社会主义法治共同理想。推动公安干警、检察官、法官、律师、公证员、仲裁员等法律职业群体进校园开展大学生法治素养教育。

（二）厚植法治中国情怀

把法治信仰贯穿大学生法治素养教育全过程，坚持全面依法治国和依法治教、依法治校的有机统一。大力挖掘中华优秀传统文化、革命文化、社会主义先进文化和科技创新文化中的法治素养教育资源，打造推广一批富有法治素养教育意义的文化作品，用活用好重点法律文化教育资源和场馆。组织学生观看宪法宣誓仪式，引导广大学生在身体力行中增强法治国家意识、厚植法治中国情怀。

（三）强化法治价值引导

在氛围营造上，用社会主义法治观引领法律知识教育，研究制定体现社会主义法治观要求的高校学生行为规范，开展大学生法治年度人物、法律基础课教师年度人物和优秀法律基础课教师等先进典型的推选展示，大力营造崇法尊法、守法护法的校园文化氛围。在工作内容上，重视法治价值观引领。将工作重心由法律知识传授转向法治价值观教育，实现从重视法律知识、制度到重视法律价值、精神的转变，以法治价值观教育引领大学生法治素养教育工作。

三、日常教育体系

学科教学与法律体系都是大学生学习的内容，但大学生在知识学习之外还有日常生活，因此日常教育体系也不可忽视。

（一）深化法治实践教育

其一，要构建“法治实践育人共同体”，加大法治社会实践基地的建设力度，设置更多法治实践岗位，充分借助公检法等国家有关部门、律师事务所等社会法律职业团体的平台，为大学生推荐法治实践导师，提供更多法治实践机会，创办丰富多彩的“法治行走课堂”。其二，打造高质量平台，研究制定法治实践基地的建设标准，明确各方主体的权责，建设一批高标准高质量的法治实践教育基地。其三，提升法治实践育人效果。要扩大实践主体的覆盖面，广为宣传和推广样板基地的先进做法和优秀经验，避免走过场的、形式化的法治实践，切实发挥法治实践基地在大学生法治素养教育工作中的重要作用。其四，推动大学生法治实践常态化，在日常生活中强化大学生的法治实践体验，如组织学生学习学生管理规定、教育政策，签订教育协议书、助学贷款合同、就业合同等，履行缴纳学费住宿费等义务，让法律走进大学生生活的每一天、每一个细节。

（二）加强法治主题教育

法治主题教育是提升大学生法治素养的重要方式，与传统模式强调知识讲授不同，必须进一步挖掘法治主题教育的内涵，丰富法治主题教育内容，充分发挥法治主题教育的作用；主动设置法治素养教育主题，想尽一切办法充分挖掘法治主题教育的资源、要素。进一步深化法治主题教育内涵，不局限于狭义的法的范畴，关注广义的法学领域，学习吸收运用对提升大学生法治素养水平作用巨大的学科，包括人文社会科学领域，政治学、经济学、马克思主义理论等。必须进一步发挥法治素养在综合素养中的基础性、引导性作用，即通过综合素养的整体提升强化法治素养，又以法治素养教育进一步推动综合素养的深入发展。必须进一步创新法治主题教育形式，在传统形式的基础上更多注重教育客体的参与感、获得感；广泛发动大学生积极参与法治主题教育，发挥师长言传身教作用，重视朋辈教育功能，在潜移默化中培育法治素养，形成法治思维，树立法治信仰；要及时组织开展疫情法治主题教育和成果展示推广，总结依法防控疫情的好经验好做法，促进法治中国、法治社会、法治文化建设。

（三）加强网络法治育人

一方面，大力拓展各类优质网络法治素养教育资源供给，引导和扶持大学生积极创作喜闻乐见的网络法治文化产品，充分利用网络渠道讲授法治知识、讲好法治故事、弘扬法治精神，主动占领法治素养教育的网络高地。另一方面，利用网络平台，引导大学生正确参与法治评论，对相关时事热点或法治事件发表合理的评论，让大学生自觉投入网络环境建设中，充分利用网络开展互动，激发大学生参与法治热情。持续激发网络活力，积极引导网络舆论，加强网络空间治理，完善网络舆情和网络违法犯罪活动的监测预警技术，建立健全网络监管、舆情引导等制度，营造充满活力、风清气正的法治网络空间，将网络建设成为大学生法治素养教育的重要阵地。建设一批高校网络法治文化研究评价中心，将优秀网络法治文化成果纳入高校科研成果评价体系。

四、队伍建设体系

习近平总书记在中国政法大学考察时强调，建设法治国家、法治政府、法治社会，实现科学立法、严格执法、公正司法、全民守法，都离不开一支高素质的法治工作队伍。无论是学科教学还是日常教育，都离不开教师的指导，离不开法治工作人员的保障。因此大学生法治素养教育，必须有一支德才兼备的高素质工作队伍。

（一）建设高水平法治教师队伍

健全法治岗位实践锻炼制度，增强法治教师育德育人的意识、水平和能力，严格法治教师资格和准入制度，做好综合考察关。建立健全课程法治教师培训机制。充分发挥全国中青年法学家、“长江学者”、国家级教学名师等的引领导航作用，带动和示范广大教师积极投入课程法治建设。加强对海归教师的社会主义法治素养教育。努力构建高校齐抓教师法治素养的工作体系，组织开展宣传法律专业课、法律基础课教师先进典型，深化规章制度教育，加强对海外归国和青年教师的法治文化引导。落实《新时代高校教师职业行为十项准则》，严格监察监督，严格实行教师法治素养“一票否决制”，加大对违法违规违纪、行为失范教师的惩戒力度，情节恶劣、屡教不改的要坚决清除出教师队伍，推动法治教师队伍建设规范化、高质量发展。

（二）加大法学名家大师和青年法学学者的教育力度

要切实抓好法治素养教育，教育更多能够把法律基础课、法律专业课讲好的人才。深入实施高校思想道德修养与法律基础课教师队伍后备人才教育专项支持计划，拓展合作育人途径与方式。组织实施青年法学学者教育工程，着重在法律专业学生骨干、法律文化社团干部等青年群体中选拔骨干，充分发挥法学骨干力量对大学生法治素养教育的示范带动作用。

（三）打造高素质法治工作队伍

完善规划、选拔、教育等机制，健全高校法治工作队伍的发展体系。完善课外法治教师选聘体系。高校可以从学校各级党政干部、专任教师、优秀研究生中选聘一定数量的法治宣传员、普法员。鼓励选聘各级法院、检察院、公安、仲裁、公证系统的党员领导干部、专家学者等担任校外普法员。高校要结合实际，完善法治宣传员和校外普法员的培训、管理、考核制度，完善高校法律教员技能培训和待遇制度。实施法律基础课中青年骨干队伍建设项目，设立专项经费用于法治工作队伍建设。

五、治理服务体系

从推进高校治理能力和治理水平、加强法治群团组织建设、深化法治文明校园创建等工作出发，为大学生法治素养的提升提供有力保障的法治环境。

（一）推进高校治理能力和治理水平

大学生法治素养教育与高校的法治育人环境有密切关系。健全高校有关大学生法治素养教育的环境治理、管理服务等各项制度体系，创建和推广一批法治素养教育、法治服务育人先进单位和示范岗位。增强大学生日常管理制度和校规校纪教育，引导党政干部、共青团干部、辅导员和班主任用良好的法治素养和规范行为影响学生，努力创造治理有方、服务高效、风清气正的法治育人环境。强化法治供给能力、提供优质法治服务、合理解决法律诉求、维护合法权益、回应法治期盼，在关心帮助、服务引导大学生中实现法治素养教育人、塑造人的效果，从而实现潜移默化的隐性法治素养教育效果。

（二）加强法治群团组织建设

增强高校全面依法治校委员会、法制办（政策法规室）、普法办等组织的法治性、先进性、群众性，强化法治动员、法治引领、法治素养教育职能。推动学生法律社团改革，强化党对高校法律社团的领导和团的业务工作指导，健全法律社团骨干遴选程序，以程序的正义来增强学生的法治体验、服务学生法治素养提升和推进学校依法治校工作。加强学生法律相关社团建设管理，突出过程监管和精细管理，支持法律社团有序健康发展，为大学生法治素养教育提供有力有序有效的平台。

（三）深化法治文明校园创建

法治文明校园的创建是全国文明校园创建的重要考量指标，也是提升大学生法治素养的园地。近些年，国家和地方组织评审、授牌了一批文明校园。文明校园是一个综合性的评价，其中应包含法治文明的指标体系，在全国文明校园的创建标准中，第2条“思想政治教育好”有法治课教学、第3条“活动阵地好”都呈现出与“引导大学生守法的上网意识和习惯”的密切联系。要把学生生活园区打造成为集学生法治素养教育、法治文化活动、法治服务于一体的法治园地，营造良好的法治文化氛围。

六、评估督导体系

各项工作开展之后，如何来评估工作成效？如何知道目前工作的短板并及时补齐、加强？这就要求必须建立完善的评估督导体系。

（一）构建大学生法治素养的科学测评体系

建立多维度多层次、科学有效的高校大学生法治素养教育测评指标体系，把高校大学生法治素养教育工作作为法学“双一流”建设成效评估的重要指标，把课程法治建设作为“双一流”建设、一流专业“双万计划”和职业教育“双高计划”的重要内容，把高校依法治校、依法办学、依法治教的工作纳入政治巡视、高校内部巡察、地方和高校领导班子考核、领导干部述职评议的重要内容。在大学生法治素养的评价上，要实现法治素养教育效果可观察、可量化、可评估，以有效的反馈机制倒逼法治人才教育机制和模式改革，真正促进法治素养教育工作落到实处。

（二）完善大学生法治素养教育推进落实机制

聚焦大学生法治素养教育的重点任务、重点群体、重点领域、重点区域，尤其是针对薄弱环节和突出问题，制定整改清单，明确责任分工，细化大学生法治素养教育的实施方案，及时和密切跟进教育工作进度，定期研究解决其中的重点难点问题。同时，将大学生法治素养教育工作纳入高校章程、十四五发展规划和年度工作要点计划，建立大学生法治素养教育的问题清单、任务清单、责任清单，明确大学生法治素养教育各项任务的路线图、时间表、责任人。

（三）健全大学生法治素养教育的督导问责机制

强化大学生法治素养教育工作督导考核，把加强和改进大学生法治素养教育工作情况作为各高校领导干部和法治工作队伍考核的重要指标和工作职责，对不能履职尽责或者履职尽责不到位、不及时的，要加大追责问责、责任倒查的力度。此外，在高校、院系、基层党组织书记述职评议考核制度中，增加大学生法治素养教育的有关指标和内容，同时将其纳入依法办学、依法治校、依法治教的监督检查范围。

七、实施保障体系

（一）加强党对依法治校、依法治教的全面领导

把大学生法治素养教育工作摆到重要位置，切实加强对大学生法治素养教育工作的组织领导和业务指导。各地各部门和各高校要力戒形式主义、官僚主义，把大学生法治素养教育工作落细落小落实，在日常下功夫，让每一个大学生感受到实实在在的获得感。高校党委要全面统筹大学生法治素养教育中各领域、各环节、各方面的教育资源和工作力量；充分借助“三全育人”综合改革的东风，加强大学生法治素养教育的科学谋划设计。采取定期与不定期相结合的调研方式，科学分析大学生法治素养状况，研究解决大学生法治素养教育工作中的重大问题，协调推进有关重点任务的落地落实。高校领导和职能部门、院系负责人要主动走进法律基础课的课堂、参加大学生法律社团、国家宪法日等活动，走进法律知识科普讲座、走进网络法治素养教育阵地，坚持遵循“一线规则”，深入基层指导、督促、协调处理学生权利、利益诉求等方面的矛盾和问题。探索建立法治辅导员、法治班主任制度，鼓励法官、检察官、公安民警、律师、公证员、仲裁员、国有企业法律顾问等到高校担任法治辅导员或法治班主任。

（二）加强高校规章制度建设

遵循国家法律法规和学校规章制度，完善大学生思想教育、事务管理、教学教育、学位授予、就业指导等方面的规章内容，充分体现德智体美劳全面发展的教育思想，落实“依法办学、程序规范”管理理念。编印高质量的《大学生手册》《研究生手册》，将其作为高校教育管理工作依据和大学生在校期间学习、科研、生活的规范指南。

（三）强化大学生法治素养教育协同保障

积极整合大学生法治素养教育的各类资源，扎实推动形成政府、学校、家庭和社会协同的法治素养教育机制。发挥高校“思想道德修养与

法律基础”课程建设领导小组、教学委员会的专家咨询作用，探索在有条件的省市区、高校成立大学生法治素养教育工作研究与咨询服务中心。暂不具备成立条件的地方，可以先利用思想政治工作的创新发展中心、培训研修基地，开展相应的法治素养教育人才教育培训工作。做好高校法治工作资金的使用管理，保证专款专用，支持和引导地方和高校增加法治建设经费投入，强化法治工作经费投入的效果导向、育人导向。明确了基本理念、基本任务与主要内容，大学生法治素养教育的框架就搭建起来了。但工作要想真正进行下去，只有框架是不够的，还需要科学的运行机制与有效的教育途径。

第五章　大学生法治素养教育的机制与途径

要持续、长效推动大学生法治素养教育工作，必须坚持以立德树人为根本，以德法兼修为重点，以健全完善的大学生法治素养教育机制为保障，找准科学培育大学生法治素养的有效路径，久久为功，全面提升大学生法治素养教育质量。

第一节　大学生法治素养教育的机制

健全大学生法治素养教育机制，遵循新时代大学生法治素养教育的规律，教育管理部门与高校需加强组织领导，制定相关政策，构建大学生法治素养教育的顶层设计、协同推进、资源共享、合作交流、监测评价等方面的机制，保障大学生法治素养的科学发展，促进大学生全面发展。

首先，要坚持法治性与引领性相统一。法治素养教育要教育引导学生坚定法治信仰，筑牢法治自信、制度自信，增强法治意识，涵养法治思维。大学生法治素养教育的法治性和引领性统一，要求该机制本身指向于教育大学生尊法、学法、守法、用法、护法，遵守法律这个“最低限度的道德"，守住法治思维的底线；要确保高校沿着依法治校、依法治教的方向，沿着治理体系和治理能力现代化的方向发展；要充分发挥大学生法治素养教育的法治引领作用，创新体制机制，科学制定教育标准，提高教育质量，发挥对法学学科体系、法律课堂教学体系、法学教材体系、高校治理服务体系等的引领示范和带动促进作用。

其次，要坚持开放性与共享性相统一。开放性指大学生法治素养教育机制必须以改革创新为生命线，其机制越开放，越有活力和黏着力。强化大学生法治素养教育机制的开放性，在以法学学科为支撑的同时，也需要马克思主义理论、历史学、社会学、民族学、新闻学等学科共同发挥育人功能。开放性要求大学生法治素养教育机制不能自我封闭、形成闭环，而是多方汲取法治元素和养分，坚持在改进中发展、创新中提升，在新的法治理论、法学学科新的增长点、法治教学方法、法治素养教育技术路径等方面催生新的变革。共享性指大学生法治素养教育机制必须树立共享发展理念。强化共享性原则，努力破解大学生法治素养教育的"壁垒效应"和"孤岛现象"，始终坚持围绕、关照、服务大学生法治素养的提升，将法治素养教育技术互联、法治政策信息互通、法治素养教育资源共享的学习模式，贯穿到法律课程、法学科研、法治实践、网络法治、法治文化、法律援助、法治治理等育人的全过程、全方位中，实现大学生法治素养教育机制的科学化、一体化，使大学生在法治素养教育工作共享发展中体验感更直接、获得感更实在。

最后，要坚持时代性与创新性相统一。时代性是大学生法治素养教育机制的发展方向。大学生法治素养教育工作是常做常新，不能固守成规，需要与时俱进。创新性是大学生法治素养教育机制的前进动力。必须遵循法治素养教育工作规律，维护和发展好大学生最直接最现实最关切的合法权利、合理权益，聚焦95后、00后大学生的思想变化新特点、成长发展新需求、法治期盼和不同阶段的需求变化，提升大学生法治素养教育工作的精准化、精细化服务水平。

大学生法治素养教育机制建设必须以教育人为基本前提，把握构建机制的基础原则，即坚持法治性与引领性相统一、开放性与共享性相统一、时代性与创新性相统一，从而有效推进大学生法治素养教育的机制建设。

一、顶层设计机制

不谋万世者不足谋一时，不谋全局者不足谋一域。教育部门和高校需遵循新时代高校法治素养教育发展规律、大学生法治素养教育规律、大学生成长成才规律，开展科学规划、顶层设计，是健全完善大学生法治素养教育机制的重要启示。

构建顶层设计机制，教育部门需要在组织领导上下功夫。全面推进依法治国这件大事能不能办好，最关键的是方向是不是正确、政治保证是不是坚强有力。加强党对法治素养教育工作的全面领导，组织领导到位是推进大学生法治素养教育的根本举措。教育领导部门应加强顶层设计，科学组织领导，做好系统谋划。构建党委领导、政府主导、部门统筹、社会参与、上下联动的大学生法治素养教育领导体制和运行机制，研究和遵循新时代大学生法治素养教育规律，由教育部门颁布法治素养教育系列政策与文件，划清责任范畴，明确各部门职责，依据教育实际制定教育目标、教育标准、教学实施方式、教材等，实现法治部门、教育部门、司法部门的协同合作，在县级及以上的教育管理部门、思想政治研究会、学校、司法部门、法制培训部门等各个单位实现联动，鼓励与支持各级部门、各领域人才、各融媒体平台加入大学生法治素养教育的机制中来，实现以法治思维和教育核心素养理念抓大学生法治素养教育，推进大学生法治素养教育能力现代化。

构建顶层设计机制，高校需要在全面发展上下功夫。马克思指出，教育不仅是提高社会生产的一种方法，而且是促进人全面发展的唯一方法。

（一）全面提升法治素养教育管理水平

科学制定“德法兼修”人才教育目标，依据教育部门顶层设计安排，制定年度发展规划，将其纳入学校章程，动态更新人才教育方案，并在大学生法治素养教育的各个阶段进行部署、检查，与学校的教育教学、科学研究、社会服务等工作“同规划、同检查、同考核”。

（二）全面提高师资力量

为人师表，首先要在尊法上为全社会作出表率。因此，要切实加强教师队伍建设，特别是对青年教师的教育和激励，将他们教育成为法律知识的传播者、法治信仰的坚定者、法治精神的践行者，教育引导他们争做遵纪守法的表率、师德师风的楷模，感染和教育更多的法治人才。大学生法治素养教育教师的管理是高校顶层设计中的关键一环，需始终围绕新时代下大学生法治素养教育的需要，落实大学思想政治教育与法律基础课程教师的资格管理制度，推动落实资格考试制度，做到教师持证上岗。创新建立师资信息库，利用新时代下互联网技术与平台优势，加强思想道德修养和法律基础课师资的统一管理与服务，做到选拔培训、考核评价、质量反馈等常态化科学化。启动实施专项培训计划，重点培训教育基础知识、教育法律知识、教师专业素养、业务能力以及教师情感态度等，提升思想道德修养与法律基础课教师的专业化水平。

（三）全面创新大学生法治素养教育教学方式

在大学生法治素养的教育过程中，创新教学方式设计，将MOOC（Massive Open Online Course）、SPOC（Small Private Online Course）、翻转课堂等教学模式与大学生法治素养教育有机结合，创新大学生法治素养教育的教学模式。要发挥网络新媒体技术优势，为推动大学生法治素养教育提供新动能。以互联网技术为载体，提高大学生法治素养教育的互动性、自主性、灵活性、广泛性，为大学生法治素养教育提供新的动力源泉。

二、协同推进机制

“协同”即协调、配合和资源整合之意，在推进大学生法治素养教育的过程中，如何协同合作、共同推进是教育工作者必须面对的重要课题。大学生法治素养教育是高校思想政治工作的重要内容之一，以思想政治教育与法律基础课堂为载体，落实全员、全过程、全方位育人的“三全育人”体系。

（一）理念协同

习近平总书记强调，大学阶段是人生的“拔节孕穗期”，最需要精心引导和栽培。促进大学生法治素养教育应在坚定法治理想信念上下功夫，教育引导学生树立中国特色社会主义法治理念，充分认识到新时代大学生法治素养教育理念转变，促使各方在大学生法治素养教育理念上保持一致，拥有共同的价值观念。

（二）主体协同

大学生法治素养教育需要多方共同参与、协作。教育管理部门和高校在大学生法治素养教育的过程中，全面统筹各领域、各环节、各方面的育人资源和育人力量，打通学校教育管理工作和学生工作部门、各教育单位及教职人员和马克思主义学院、法学院师资力量沟通渠道，推动法治素养教育的价值塑造、能力教育、知识传授、行为养成，促进各个主体之间法治信仰、法治理念、法治观念等的认同。

（三）目标协同

整合资源的要义在于促进合理利用的最大化，以保证教育目标的实现。在人、财、物资源有限的情况下，以大学生法治素养教育目标为导向，充分整合各方资源，促进大学生法治素养教育目标协同推进。建立“以人为本”整合资源机制，实现大学生法治素养教育目标，实现法治素养教育现代化的方向目标。

（四）制度协同

制度的力量正是来源于它的规范性，法治的规范性使人们形成了正确的认知，促进人们心往一处想，劲往一处使。大学生法治素养教育要创新机制，构建完善的制度体系，将大学生法治素养教育有机融入现有教育过程中，构建充满活力、富有效率、更加开放的大学生法治素养教育制度体系，促进大学生法治素养教育制度协同推进。

三、资源共享机制

高校要着力破解大学生法治素养教育工作的“孤岛现象”，使高校各种法治素养教育资源都能发挥育人功能，促进各种资源要素充分动起来，形成润物无声的法治育人微环境，从而实现大学生法治素养教育的资源价值。

（一）打破壁垒，实现平台共享

资源共享平台强调多主体参与，第三方应激励主体积极主动参与，因为资源平台的供需双方就是一个完整的链条。如果各个省市区、高校的法治素养教育平台因为体制机制成为“孤岛”，法治素养教育的信息就会不畅通，必将导致参与主体不多、受教育面缩小，形成一定的信息壁垒，导致法治素养教育的供给侧、需求侧的矛盾不断凸显，进而影响教育平台的建设目标和效果。在大学生法治素养教育的过程中，政府、高校、企业、媒体要“共建共享”高校法治素养教育教学资源平台。以大数据、云计算、虚拟技术、人工智能等现代信息技术为依托，以互联网科技和现有的校园网为载体，共建完善的大学生法治素养教学资源共享网络平台，打破传统高校间存在的资源共享壁垒。加强平台信息化网络化建设，形成大学生法治素养教育平台资源共享闭环，为资源共享提供更大的软硬件保障。

（二）统一规划，实现标准共享

在质量、内容、保密等方面统一资源共享标准，制定详细可操作的标准共享机制，加强大学生法治素养教育标准资源共享就显得尤为重要，由教育领导部门统筹，各个高校、高校思政部门、高校思想政治教育教师、相关社会团体、教育学者、媒体广泛参与，制定统一的准入标准，并结合新时代下大学生法治素养教育的规律变化，维系准入标准的变化，与时俱进，共同遵守。

（三）博采众长，实现内容共享

一些高校大学生法治素养资源共享的内容较为单一，共享的要素和方式有限。在构建大学生法治素养平台资源共享的前提下，创新方式方法，摈弃传统内容共享模式，加强对法治学术资源、法学学科和专业资源、教师资源、学生资源更广泛的共享，通过内容资源共享机制的完善，提高资源共享的全方位效能。

（四）百花齐放，实现激励共享

目前，一些高校和教师没有及时把法治素养教育教学成果数字化、信息化，在共享给社会公众使用时存在平台、技术、资金等方面的障碍，内生动力不足。加快大学生法治素养教育资源共享激励机制构建，通过精神激励、物质激励、品牌激励等方式，在大学生法治素养教育资源共享方案设计中，将资源共享纳入政府、有关社会团体、高校部门、教师、管理人员等的工作激励机制，使资源共享的开展与工作绩效相衔接，增强高校资源共享的内生动力。

（五）做好保障，实现安全共享

一方面，要为大学生法治素养教育资源共享提供技术安全保障。在大学生法治素养教育的资源共享的过程中，引入先进技术，多样化地呈现教学内容，通过大数据分析，对每位大学生进行“人脸画像”，有针对性地提供最精准的学习内容，根据每位学生的学习习惯，定制最科学的学习计划与方法，在海量的数据中，进行定位、筛选、过滤、推送。[①]另

①司文超．大学生法治素养培育研究[D]．武汉大学，2020.

一方面，为大学生法治素养教育资源共享提供产权安全保障，明确大学生法治素养教育过程中各种资源的知识产权归属，解决大学生法治素养教育资源共享的法律盲区，加强资源共享中的保密系统管理，加强数据管理，明晰资源产权界限，着力减少或缓解高校在资源共享过程中发生的利益纷争，降低资源共享的交易成本，为大学生法治素养教育资源共享提供安全保障。

四、合作交流机制

大学生法治素养教育的合作交流机制主要针对国内高校之间的交流与合作、国际区域合作交流、人才与人才之间的交流。

（一）形成特色品牌，搭建高校磋商合作交流平台

高校应以自身特色为亮点品牌，以互学互鉴为目的，打造高校特色的大学生法治素养教育项目，吸引其他高校的大学生学习、引用、传播具有本校特色的大学生法治素养教育项目。以重点高校为主导进行磋商，搭建合作交流平台，使带有各个高校特色的大学生法治素养教育项目在高校之间交流与传播，讲好具有各个学校特色的大学生法治素养教育的故事。同时，以高校德育部门为平台，通过问卷、访谈、文献等方法，进行各高校大学生法治素养教育的专项调研，将各高校大学生法治素养教育的先进经验、先进做法、先进理念进行整合和迁移，促进大学生法治素养教育的进一步发展。

（二）立足求同存异，构建对外合作交流互信机制

立足“求同存异”原则，构建大学生法治素养教育对外合作交流互信机制，双方应该在坚持求同存异原则的基础上相互学习，寻找更多的契合点，适当避开分歧点和敏感点，生动诠释我国法治文化，彰显我国在大学生法治素养教育过程中的中国特色、中国理念、中国故事。

（三）加强互联互通，构建人才教育合作交流机制

大学生法治素养教育的人才交流的主要对象是教师和学生。一是设

立专任教师互学互鉴合作交流计划，建立长期稳定的师资合作交流教育机制，加强校与校、国与国之间教师的法治素养教育教学能力提升的统一培训，使双方教师相互学习彼此的课堂教学特点，了解不同的教学模式，提高教学质量；二是加大国际、校际教师团队互派互访力度，促使双方进行友好交流，增进双方理解与对话；三是定期举办教师教学水平技能大赛，选树教学优秀标兵，调动教师的工作热情，促进教师专业化；四是有效地利用现代化技术，构建“双师型”课堂、同课异构、共享课程资源，用高科技助力教学高质量。

五、监测评价机制

党的十一届三中全会以来，依法治国已经确定为治国理政的基本方略，并取得了历史性成就。经过40多年的探索与实践，我国从强调高校法律基础知识教育，到法律意识教育，现在已经进入法治素养教育阶段，我国法治素养教育已经取得了令人瞩目的成就。但是，我国在法治素养评价机制的建设与贯彻落实上仍稍显不足。特别是近年来，一些高校学生犯罪案件，引起了社会广泛关注，例如北大吴谢宇弑母案、复旦大学林森浩投毒案、药家鑫案、某高校学生编写“熊猫烧香”电脑病毒案等。这些案件的发生并非偶然，而是在社会、家庭、学校与学生个人素质等综合因素的共同作用下造成的。由此可以看出，一些大学生的法治素养仍然较低，健全大学生法治素养督导评估机制有其必要性和重要性。

加强和改进大学生法治素养评价机制，应建立健全大学生网络法治素养评测体系，有效评测大学生的网络行为，以此对已经违法违纪违规的学生及时处理，对有违法违纪违规倾向的学生进行排查与疏导；需要加快大学生违法违规违纪档案信息化建设，加强法治素养评价的可视化与实践性；应健全大学生法治素养教育督导评估机制，有力推进高校法治素养教育工作的贯彻落实。

（一）监测评价的基本内涵

习近平总书记强调，要健全公民和组织守法信用记录，完善守法诚信褒奖机制和违法失信行为惩戒机制。这样的机制建设理念也需要引入大学生法治素养教育中。要从监测什么、如何监测、监测结果如何应用这三个逻辑起点来构建大学生法治素养教育监测评价机制。

1.明确监测内容

结合教育工作实际，综合统筹制定标准，制定大学生法治素养评价方案。针对不同的高校体量规模、办学特色、发展方向、办学层次，制定差异化、多维度的大学生法治素养教育评价标准和方式，保证以多维度的标准进行统一化的评价。针对大学生法治素养教育的不同内容，从教学方式、教学对象、教学工具、教学场景等不同的维度制定标准，使其在同一个维度中有统一的评价体系，避免千篇一律的评价标准，灵活评估大学生法治素养教育的发展水准。

2.严格监测管理

要严格把关，构建大学生法治素养教育质量监测机制。要实现对大学生法治素养教育的质量监测，必须针对具体的课堂教学实施和大学生法治素养教育的专项调研，确定大学生法治素养教育在实施的过程中的质量及其变化趋势。应通过对大学生法治素养教育元素进行深入分析，从政策引导到教学实践落实，从教育过程到教育成效等多方面、全过程地进行数据、行为、心理采集，形成科学有效的数据基础，从而全面监测和科学分析大学生法治素养教育的质量。

3.运用监测结果

大学生法治素养教育是针对大学生德育教育的一项全方位教育体验，要明确教育主体，促进评价过程多元，不应将肤浅的科研数据、科研成果数量、课题和课程数量作为成效评价的主体，而应坚持“以学生为中心”，重点评价在核心学术建设、课程开发、人才教育模式创新方面的优秀成果和人才，在其成效评价中不仅仅看其收益，更重要的是看其对学生的法治素养发展、德育发展、全面发展的贡献，看其对教师的专业知识、专业技能、专业情感的熏陶。

（二）不断优化大学生网络法治素养测评体系

大学生处于价值观形成时期，互联网很容易对心智并不完全成熟的大学生造成负面影响。互联网法治还不健全，大学生既容易成为互联网违法犯罪的受害者，也容易踏进互联网空间的黑色地带。有的大学生散播网络谣言、侵犯公民隐私权、侵犯知识产权、进行网络诈骗，成为违法犯罪人。网络法治素养已经成为大学生法治素养评估的重要指标，同时又是高校法律教育工作者必须重视的重点领域。因此，加强和改进大学生法治素养评价机制，需要建立健全大学生网络法治素养评测体系。

网络法治素养是现实生活中法治素养在互联网空间的延伸，是建立在互联网使用的基础上的，针对互联网的法律知识认知、网络法治思维、网络法治方式和网络法治意识。

根据上述要素，笔者尝试建立了大学生网络法治素养评测体系，该体系由四个维度构成。

1.确定网络法治观念维度

网络法治观念属于思想层面，包括规则至上、权利思维、程序正义。大学生网络法治意识是指大学生对网络法治的个人看法、观点等。网络空间具有后发性与时代性的特征，相对于现实生活空间，网络空间法律规制少，大学生在网络空间的行为更加多样、身份地位更加平等、言论更加自由，同时参与网络舆论也成为大学生表达民主的一种方式。网络法治信仰是学习法律知识的基础，也是在了解与运用法律后对其认同和情感的升华。在建设法治中国的背景下，培育大学生法治信仰是提升其自身素养的内在需要。

2.确定网络法治行为维度

大学生在网络中获得法治知识、宣传法治行为，但其行为同时可能故意或者过失侵犯到他人的合法权益，甚至违反法律法规。对此，行为维度由网络失范行为与网络法治行为两个一级指标组成。网络失范行为主要包括：散播网络谣言、侵犯公民隐私权、侵犯知识产权、网络黄赌毒污染、网络诈骗、网络危害国家安全活动等二级指标；网络法治行为主要包括：网络法治学习、网络法治关注、网络信息辨别、网络自律与网络法治宣传等二级指标。

3.确定网络法治评价维度

网络法治评价指行为主体在网络场域内通过学习、思考和自身经历对网络法治进行判断、分析后的结论。此处是建立健全大学生网络法治素养体系，评价主体为大学生，评价对象是网络法治。网络法治评价可以分为网络法律评价、网络法治行为评价、网络司法评价。在网络法律评价方面，国家出台了网络法治相关法律，保证了法律空间基本有条不紊，但依然有部分网络违法行为的处理不太合理。网络法治行为评价包括网络法治失范的评价和网络适法行为的评价，大学生对于网络消极行为的评价和网络积极行为的评价体现主观的看法，与前述大学生客观行为相结合，有利于加强大学生法治素养的评价机制的完善。网络司法评价是将“互联网+”模式融合在各个领域，完善与创新了司法审判的方式，对网络违法行为的解决有促进作用，体现在对新型司法的评价上，促进大学生网络法治素养的与时俱进。

4.确定网络法治期盼维度

网络法治的期盼是行为主体在网络空间学习、经历与总结形成的对未来网络法治的美好愿景，这是期盼主体的主观愿景。大学生网络法治期盼的主体是大学生，期盼的对象是网络法治空间和对自身在网络法治空间的行为。对于网络法治空间的期盼包括对未来网络立法的愿景以及对网络法治空间氛围的期盼。

（三）加快大学生违法违纪违规档案体系建设

健全大学生网络法治素养评测体系后，如何将测评结果整体全面地反馈给社会？大学生违规违纪档案的信息化建设，有利于学校在开展政治审核时产生一个客观、准确、可视化的评价，有利于教育引导大学生重视法治知识的学习、主动提升自身法治素养，做一个遵纪守法的好公民。

1.建立全面、系统、科学的档案内容管理制度

档案建设主要有量化方式与描述方式，这里的档案体系以描述方式为主，对学生的法治素养进行档案建设。档案的内容主要分为四部分。

（1）个人基本信息管理

基本情况的记录是基础性记录，帮助了解学生的求学经历与生活环境，主要包括大学生的基础信息。作为健全和改进大学生法治素养评价机制中不可或缺的一部分，必须把大学生法治素养测评的结果（包括大学生的网络法治素养结果）同时体现在个人信息中。上述信息的录入工作由院系组织，班委协助，本人填写。以此确保录入信息准确、有效。

（2）加强违法违纪违规记录管理

违法违纪违规记录包括三个方面，从重到轻为：违反宪法、法律行为，违反校纪校规行为其他。遵守宪法、法律是公民的义务，大学生违反宪法、法律是违法违纪违规行为中最严重的情形，必须准确予以记录，对于未成年违反宪法、法律记录情况，根据国家是否记入个人档案而定。校纪校规是学校依据法律和学校具体情况制定，大学生应该严格遵守。对于违反校纪校规的学生参照规定予以处罚，对于违反校纪校规的未成年人，依规记入学生档案。关于违反道德的行为，档案没有将其列入记录的项目，但是高校有义务对违反道德却没有触犯法律的学生的行为进行法治素养和道德素养的教育，尤其要严格要求学生党员不得违反党内法规。对于有违反党内法规行为的学生党员，应该将该行为记录到其他违法违纪行为中。以上记录必须学生本人亲自签字并表示同意，记录人签字确认。

（3）加强院系审核与大学生申诉管理

一方面，院系审核是避免发生记录失误的一道防线，院系审核采取

“实质+形式”模式，对学生违法行为进行评价处罚，对于处罚结果，应该主动将其准确地记入学生档案，并进行形式审核。对于违反校纪校规行为的档案记录，根据违反规范的事实如实记录，学校、院系在这方面要加强管理与监督，因为错误的记录对大学生的职业生涯发展规划影响较大，必须采取审慎的态度。此处应该主动采取实质的内容审核。另一方面，大学生申诉是有效的正义保障方式。大学生有异议可以向学校“大学生法治素养监察小组”进行申诉，将审核权与监督权分立，保持申诉的公正性与中立性。监察小组对于申诉采取实质内容审查，确有错误的，退交院系重新处理，处理过程由监察小组成员全程监督，对于二次异议的合理申请，监察小组自行审核。对于未成年大学生的申诉，学校应该给予保护，直接由校级“大学生法治素养监察小组”进行复核与调查，对其中违反校纪校规行为较轻的可以给予机会，从违反校纪校规之日起一学期内无其他违法违纪违规行为，可以申请予以消除。此外，对于错误记录，院系向监察小组提出申请，由记录人说明情况，经核实进行消除，对于瑕疵记录，院系申请并说明情况，由监察小组进行更正。

（4）加强遵纪守法承诺书管理

我国《宪法》规定，遵守宪法、法律是每个公民应尽的义务。作为一名成年公民，大学生在入学之前应该主动进行法律知识的学习，入学时学院可以组织学生签署遵纪守法的承诺书。遵纪守法承诺书属于违法违纪违规档案的一部分，置于档案的首页。这是学生对其在校期间行为规范的承诺，承诺书签署属于一个仪式的过程，有助于加强学生对法律的敬畏感。在大学生违法违纪违规时，出示承诺书表示其对违法必究事先知晓，同意学校的记录行为。在校期间表现良好的同学，承诺书也归入档案首页，有利于加强学生的法治意识。

2.创新“互联网+”档案形式

档案采取电子档案与纸质档案相结合的方式。以电子档案为运行方式，纸质档案为留存档案。网上办公成为学校处理事务的主要模式，学生违法违纪违规档案建设的处理流程也要信息化，将违法违纪违规档案归入学校信息门户“学生用户”中的个人卡片中，学生在进入填写基本信息时在网上签署遵纪守法承诺书，表示知悉违法违纪违规的记录，愿意遵守此项规定，只有签署后才可进入基础信息的填写。对于填写好的信息，将信息传递给“学院用户”“班委用户”“导师用户”进行校对，校对完成，学生将承诺书与电子表格打印并交予学院留存。

发生违法违纪违规行为，由学院将事项填入所属的栏目，将信息发送并提醒给“学生用户”个人系统，导师和班委进行核对。针对未成年人违法违纪违规的记录，强调保密性，不发送给班委。学生查阅后签字同意或不同意，同意后将确认信息发予导师和班委确认，没有异议予以确认；若导师与班委有异议，先与学生沟通，确认有错误后异议人申请现场会议重新调查，异议人与学生到场判定，可以申请重新调查，对于调查结果采取现场会议模式，对于重新调查确有错误的，终止填写，对于确认无误的学生现场进行签字，学生网上签字完成流程，最终由“导师”和“班委”确认。对于违反校纪校规的学生电子档案反馈校级监察小组进行汇总。信息反馈给学校后，学生个人账户将显示已送达学校。在一定的期限内，学生可以在网上申诉，申诉结果会在网上显示，最后由学生签字确认。过期不可在网上申请，视为默认同意学院处罚。同时，由于违法违纪违规记录对学生具有重要性，学校在进行档案信息化建设的过程中要加强信息安全的加密与防护。

虽然大部分高校还没有引进区块链技术，如果确实因为大学生违法违纪违规档案管理保密工作的需要，可引进有关技术，这样的记录可以保障安全性。作为学生的可验证信息，可跟随学生从一个机构到另一个机构，增强可信度、高效性。大学生违法违纪违规纸质档案，应及时装入学生的人事档案中，毕业或退学时与电子档案信息一同移送。

3.持续完善档案管理运行机制

违规违纪档案信息化建设过程中，必须由学校法治部门成立的校级大学生法治素养监察小组具体负责档案的申诉与监督。班委主要负责校对、监督与审核。

档案的建立过程包括：建档→档案的记录→档案的保存→档案的移送。

（四）健全完善大学生法治素养教育督导评估机制

2012年，国务院正式颁布《教育督导条例》，扩大了教育督导的范围，明确把各级各类教育纳入督导对象，实现了督导对象的全覆盖，为建立和实施高等教育督导制度提供法律依据。目前，我国在宏观层面已经逐渐形成了包括“督政”“督学”和监测在内的督导工作格局。政府督导是“督政”，政府督导属于间接督导，内部督导是在政府宏观规制下的直接督导，社会督导起到监督和建议作用。督导内容与评价的内容紧密相关。

加强和改进大学生评价机制，充分发挥评价的“指挥棒”作用，建立健全大学生网络法治评价体系是其基础，加快大学生违法违纪违规档案建设是其表现形式，建立健全大学生法治素养教育督导评估机制是其保障。建立健全大学生法治素养教育督导机制是提高高校法治素养教育的根本要求。督导机制对加强和改进大学生法治素养评价发挥“指挥棒”功能具有保障作用。大学生法治素养教育督导主体为高校、教育部门以及社会，对象是大学生法治素养教育的情况。

笔者探索建立1个四维、8个一级指标、22个二级指标的评估体系。

由此可以建立以“管办评”分离为创新的大学生法治督导的三位一体模式。宏观形成政府、高校、社会的权力分配体系——政府宏观统筹、高校依法实施、社会监督。“督学”“督政”和监测促进大学生法治素养教育的落实，而权力分配体系与督导的机制又相互联系。

在高校中进行法治素养教育督导，也可参照高校内部教学督导。这种督导主要是指，由高校根据一定的政策法规，在校内成立专门的机构或组织，聘请经验丰富的教师或管理人员，对本校内部的教学进行监督和指导的活动。学校可以依据各个学校的特点设置分层级的督导小组。但是，在实践中，督导小组的组成人员大部分为退休教师，设置小组工作内容模糊导致小组的实际效度不强。对此要加强“一线老师+督导”的全职督导成员的参与，依据各校不同的情况依法制定小组的督导内容，使工作有条不紊进行。有了内容的执行方式，学校还应该进一步制定相关的奖惩机制，不同级别的督导小组享有相应的处理权力，去保障督导任务的有效执行。

1.点面结合，全专合一

督导分为综合督导和专项督导。各高校办校的侧重点不同，学生的法治素养基础也不同，要有针对性地开展督导，对督导的方向有所侧重。比如文史类专业的学生接触思政与法治素养教育早，基础好，法治素养较高，那么对法治素养教育的专项督导应重在实践教育教学的落实；对于法治素养相对薄弱的大学生，对法治素养教育的专项督导应重在法治意识教学的落实。

2.挖掘特色，优势互补

一流高校重点发展、促进“一帮一”“互助—反馈”督导模式的建立。一流高校资源多，科研力量强，在督导方面也要身先士卒，积累更多经验，起到模范高校的带头作用。高校之间的互助反馈模式属于内部督导的扩展，同时也是社会督导的具体化。高校之间可以通过研讨会、专家座谈会、交流学习的方式相互沟通，采取当地一个一流高校精准帮扶一个普通高校或者职业院校的“一对一帮扶”方式。通过学习交流经验与问题的反馈，促进内部督导模式的发展。

3.线上线下，共同发力

网络法治素养评测体系的落实，也是督导的一部分。要探索构建“互联网+督导”模式，推动健全大学生法治素养的测评、机制。高校进行网络法治素养教育，会不可避免地涉及互联网，对此学校的督导小组也应该加强“互联网+督导”的模式，通过网络监测的方式进行督导。

4.全面监测，科学督导

监测是促进高校自主治理的监督方式，社会第三方机构的评估具有客观性与独立性，但是监测机构要受政府委托，依法按照政府设定的评估体系进行评估。与此同时，高校也要进行自评，加入“一帮一”高校互评，保证评价的准确性、综合性。最终的结果由第三方机构按照政府的要求统计，并及时反馈给高校和地方政府。

以上，笔者归纳阐述了大学生法治素养教育的五个机制。这五个机制之间相互联系、相互影响，共同助推大学生法治素养教育发展。但机制的运行需要具体的教育途径来发挥作用。在大学生法治素养教育的途径上，又该如何选择?

第二节　大学生法治素养教育的途径

提升大学生法治素养，是一个复杂的系统工程，探索提升大学生法治素养的对策，是高校人才教育的内在需要，是实施依法治国基本方略的本质要求，更是促进大学生全面发展的必然选择。本书在分析大学生法治素养存在问题及影响因素的基础上，力图从课程层面发挥思想政治理论课主渠道作用、学校层面探索辅助措施、社会层面形成强大合力展开研究，创新方法、整合力量、发掘资源，共同服务于大学生法治素养的提升。

一、课程改革：发挥思想政治理论课提升大学生法治素养的主渠道作用

自从1987年国家教委下发《关于高等学校思想教育课程建设的意见》，明确将“法律基础”单独列入高等学校思想教育课程以来，经过几

十年的建设与发展，大学生法治素养教育相关教材内容几经修订，课程建设不断发展，在思想政治理论课中提升大学生法治素养的体制机制已经建立，任务目标基本清晰，课程建设相对完备，师资力量逐渐强大，思想政治理论课已经成为新形势下提升大学生法治素养的主要渠道。

2017年是高校思想政治理论课教学质量年，为了了解思想政治理论课建设情况，教育部组织200余位专家深入全国2516所普通高校，随机听了3000堂思想政治理论课，用手机扫码的方式随机邀请30000多名学生参与调查，完成了中国思想政治理论课建设史上前所未有的“地毯式”大调研。调研发现，86.6%的受访学生表示非常喜欢或比较喜欢上思想政治理论课，91.8%的受访学生表示非常喜欢或比较喜欢自己的思想政治理论课老师，91.3%的受访学生表示在思想政治理论课上很有收获或比较有收获。在提升大学生法治素养的对策研究中，思想政治理论课这个主渠道的作用和地位不可替代，要深入加大改革创新，不断强化职能使命，把握主旋律，抢占制高点，进一步巩固和发展既有成果，进一步创新发展教学方法，增强教师法学功底，形成鲜明的专业特色，保持蓬勃的发展活力。

（一）创新教学方法，讲好法律知识

有好的教材，如果没有好的教学方法，也不会有好的教学效果。教学方法直接影响教学质量，是教师组织学生进行学习活动的操作体系。对大学生的法治素养教育，在继承传统方法，打牢理论和知识根底的基础上，要针对法律知识的特点规律，创新或拓展先进的教学方法，促进学生对法律知识的理解、内化和运用。

1.案例教学法

所谓案例教学法，就是指教师结合教学内容，从理论的高度把纷繁复杂的生活现象经过精心筛选，提炼一些典型的人物与事件，将其浓缩成一个个的案例，引导学生运用马克思主义理论剖析这些案例，在案例分析的过程中，融会贯通有关的原理，使学生提高分析问题和解决问题

的能力。案例教学法作为一种系统的现代教学方法，起源于19世纪70年代哈佛大学法学院，后来才推广到其他专业。也就是说，案例教学法本身就是为了灵活有效地向学生传授法律知识，所以采取案例教学法讲解法律基础知识是最适当和贴切的，也是除传统讲授法外，时间成本、资源成本最低的一种教学方法。

（1）选取案例

首先，案例要真实可靠。案例描述的应该是真实情境，使案例成为有力的学习工具，由于案例的问题和困境是真实可信的，可以让学生有时间和机会反省和思考所呈现的争议，使学生成为知识的生产者，而不只是接受者。法治社会，每天有大量实时更新的与法治相关的新闻报道，能够为案例教学提供鲜活的案例。一方面，教师要注意日常的积累，关注各类新闻媒体、内部文件通报等发布的对教学活动有益的事件；另一方面，要善于借用网络资源，通过网络搜索工具，发现和调取深藏于世界各地的信息资源，选取与课堂知识最契合、与学生生活最紧密的案例来服务教学活动。需要注意的是，真实的案例要以可靠的来源作为保证。教师在选用案例时先要考察消息来源，课堂上引用案例要标明来源，增加案例的说服力。

当前，各级人民法院都有自己的官方网站，网站上，除了设置“裁判文书”“法律法规”等栏目，还设置了“法学园地”“普法天地”等栏目。各级人民法院还有自己的微博和微信公众号。全国普法办公室主办的中国普法网，其中有个栏目为“以案释法”，当中有大量的案例。中华人民共和国司法部推出的微信公众号“中国普法”每日更新，不仅及时推送法治新闻、最新资讯、普法知识、政策动态等，还举办有奖竞答活动，可以为教师教学活动提供真实案例，也能为学生学习法律知识提供动态指导，为具体法律判断提供参考。教育部主办的全国青少年普法网上也有大量案例可以为教学所用。

其次，案例要符合教学目标。所有的教学方法都要为教学目标服务，案例的选取也要看其是否符合教学目标。符合教学目标的案例，具有几个明显的特征，一是案例中存在的主要法律关系、发生的重点法律行为，与所讲授的法律知识能够直接对应；二是案例中所能进行的法律价值判断清晰明了，不会引发学生在法律适用上的困惑；三是案例中所实施的法律判断或法律评价确定公平，不会引起法律与道德上的争议。

再次，案例的难度要适中。对案例的选择要根据课程教学的进展程度和学生对现有法律知识的掌握水平来进行，重要的法律关系、基本的事实判断，不能超出学生的知识范围太多，否则，不但会削减学生参与分析的积极性，同时还会让学生在法律的适用上产生困惑，走入误区。

（2）运用案例

首先，要对案例进行编辑。一节课的时间有限，如果案例太长，要进行适当删减，去除旁枝末节，主要展示案例的核心部分。另外，法治素养教育的相关案例很多都会涉及暴力、血腥和其他不适宜在课堂上展示的内容，要对这些内容进行删减或者模糊处理。

例如，以“于×案”说明公正司法才能提高司法公信力，而公开透明的司法过程、主动接受舆论监督是推动司法公正的利器。然而，“于×案”的案情有一段其母公然受辱的情节，对于这段侮辱情节，课堂上要简单描述，不宜详述或过多渲染，可以通过模拟图的形式，既向学生简要地介绍案件情节，又能削减案件给学生带来的不适感，避免引起学生的反感，激发愤怒情绪。

其次，要鲜活地展示案例。现在的多媒体技术和丰富的网络资源给案例的展示提供了便利的条件，案例可以通过多种途径来进行展示，如文字、图片、动画视频等。案例的多种展示方式能使案例更加鲜活地呈现在学生面前，吸引学生的注意力，激发学生的学习兴趣。但是，也要避免在一节课内采取同种方式展示多个案例，这样会分散学生的关注焦点，使学生厌倦。每种展示方式各有优缺点，要根据案例本身的特点选用不同的展示方式，各种展示方式在一节课内最好交替使用。

再次，要引导学生分析案例。非法学专业的学生，由于掌握的法律知识有限，进行法律判断的经验和方法不足，在初次进行案例分析时，不敢作出判断，要鼓励学生勇敢地走出第一步，一个证据的证明力判断，就可以概括学生对证据知识的掌握程度，一个犯意的判断，会让学生联系起犯罪的主客观要素，只要让学生敢于从案例的某一个点切入，就能收到意想不到的效果。事实上，非法学专业的大学生参与案例分析，并不是为了培育法官、检察官、律师等专业法律人，而是对已学知识掌握情况的检验和对运用知识能力的锻炼，只要是自己的观点有充分的法理支持，就要鼓励学生大胆表达，哪怕结果是错误的，也能够在错误的校正中加深对知识的理解。

分析案例的过程中，不同的学生对于同一个案件事实，基于不同角度，看法会不同，从法官的角度追求公平正义，从律师的角度在保证公平正义的前提下，要追求被代理人利益的最大化，因此，不同的立场会导致对同一法律知识的运用程度以及对不同法律知识的综合运用会有所不同，通过多层面多角度分析案例，得出的判断也会不同，出现差异情况要辩证看待，因为这正是对学生知识掌握和运用能力的锻炼，也正是案例教学法的魅力所在。

例如以“江×案”讲解隐私权、犯罪构成、道德与法律的关系、网络暴力、言论自由等知识点，用于讲解我国宪法法律规定的权利与义务。

案件概述：

2016年11月3日凌晨，就读于日本东京法政大学的中国留学生江×接到闺蜜刘×的电话，希望江×能到车站接她回家。江×赶到车站接回刘×，但在抵达公寓楼时，遇到在楼前等候的刘×前男友陈××，三人发生了争辩。争执中，江×让刘×先进房间，自己留下与陈××辩论，并挡着陈××不许其进屋。争执中，陈××拿出匕首，朝江×脖子连刺数刀，导致江×失血过多死亡。在江×与陈××争执和陈××行凶至江×死亡的过程中，刘×始终没有开门。2017年12月20日，江×案在日本东京地方裁判所作出判决，法院以故意杀人罪和恐吓罪判处被告人陈××有期徒刑20年。

选择该案例的理由：

一是江×案在全国范围内引起广泛关注和热议，由于犯罪嫌疑人和被害人，包括广受争议的刘×，都是在校大学生，因此，国内的大学生对案件进展十分关注，案件能否公正判决，陈××能否再受到国内法律追究，能否在日本接受公正审判，直接影响着大学生对法律的认知。

二是江×案既符合典型的故意杀人罪犯罪构成，又有其本身的特殊性，涉案三方都是中国人，但受到的却是日本刑法的审判，其中的量刑标准、能否适用死刑等问题，涉及不同法律体系之间的价值冲突，其案件的管辖又具有国际法律适用和法律管辖的特殊性，能够概括国内刑事程序法和国际法律适用的一般知识。

三是该案除引发法律评价和制裁外，案中刘×关门和不施救的行为，又引发道德上的争论，刘×的行为是违背道德，还是违反法律，其间的关系错综复杂，值得探讨与思考，法律与道德的界限，在本案中体现得十分具体。

四是案外舆论行为，特别是网络上的追讨行为和过激的言论，是否对案件中的江×、陈××，特别是引发道德谴责的刘×构成侵犯隐私，形成网络暴力，值得广大学生思考与警醒。

学生在分析该案例时可能涉及的法律知识有以下几点：

第一，案件管辖。根据属地管辖原则，一国公民在他国发生刑事犯罪，应按照案件发生地国法律进行处理，即案件发生地日本东京的当地法院对该案有管辖权，尽管案件双方均为中国人，也可以依据日本的刑事法律进行审判。我国《刑法》第10条规定，凡在中华人民共和国领域外犯罪，依照本法应当负刑事责任的，虽然经过外国审判，仍然可以依照本法追究刑事责任，但是在外国已经受过刑罚处罚的，可以免除或减轻处罚。照此规定，陈××在日本受到刑事处罚后，中国司法机关仍可依法对其进行追诉。

第二，犯罪构成。依据我国《刑法》规定，构成故意杀人罪，须具备犯罪构成的四要素，即：犯罪主体是达到法定刑事责任年龄，具备刑事责任能力的自然人；主观方面有非法剥夺他人生命的故意；客体是侵犯了他人的生命权；客观方面须有剥夺他人生命的行为，作为、不作为均可以构成。对照江×案来分析，主体陈××符合法定刑事责任年龄，具备刑事责任能力，主观上有非法剥夺江×生命的故意，客体是江×的生命权，客观方面，江×的生命权遭到陈××的非法剥夺。因此，从犯罪构成上分析，陈××的行为构成故意杀人罪。2017年12月20日，江×案在日本一审宣判，法庭认定陈××故意杀人罪成立，定罪依据主要有：陈××带有强烈的杀意，携刀上门；陈××对江×的脖子多次刺伤，造成致命伤，是故意而不是防卫；陈××在江×被刺倒在地后，没有求助，显然不可能是误杀；陈××带着换洗衣物是有计划谋杀，并准备潜逃。

第三，刑事责任。我国《刑法》第232规定：故意杀人的，处死刑、无期徒刑或者十年以上有期徒刑；情节较轻的，处三年以上十年以下有期徒刑。本案依据日本刑法，陈××因犯故意杀人罪，一审被判处20年有期徒刑。

引导学生进行案例分析时，老师可以设置几道思考题。

第一，江×案为什么会在日本审判，中国法院和中国法律能否在案件中发挥作用，如果被害人家属对于日本法院的判决不满意，能否通过中国的法院，对日本法院的审判结果进行监督。

第二，江母提出的判处陈××死刑的要求能否实现。

第三，刘×在案件中的法律关系，要不要负法律责任。

第四，网上私自的信息公开以及网友的搜索行为，侵犯了当事人的哪些权益？

案例分析的预期效果：

第一，引导学生对刑事犯罪构成要件的认知，通过对审判过程和审判结果的关注，帮助学生较为具体地掌握刑事审判程序、定罪依据、量刑标准和证据的证明力等法律知识。

第二，通过案外网络行为的分析，引导学生区分法律的规范作用与道德的教化作用间的联系与区别，同时可以结合个体的合法权益等知识，对道德谴责与网络暴力进行法律上的判断。

第三，对于江×母亲将刘×私人信息公布在网上的行为客观上是否合法，其不服从法院判决的种种表现是否已经突破法律的规定，超越言论自由的界线，可以引导学生，结合掌握的法律知识，进行深入讨论。

值得注意的是，无论学生以什么样的角度分析案例，教师最后都要坚持让学生结合自己的法律知识进行自主判断，得出一个唯一的，而不是开放性的法律结论。在对案例进行分析的过程中，学生所作出的每一个判断，特别是法与非法，承担责任与不承担责任，罪与非罪，此罪与彼罪的判断时，都必须以事实为依据，以法律为准绳，做到严谨与规范，这是对学生法律知识、法治理念掌握程度的深层次检验。

2.探究式教学法

探究式教学法是指学生在教师的指导下，以类似科学研究的方式去获取知识的一种教学形式。它具体是指教师引导学生对有关学习内容进行深入探讨或对有关问题进行多方面研究，以寻找答案、解决问题的过程和活动的方法。

探究式教学法，能够有效避免传统教学模式单向交流而忽略学生主体地位的弊端，为学生提供了发挥的空间和展现自我的机会，学生在参与相关活动过程中，要最大限度地发挥积极性和自主性，大胆设想、认真思考，真正让自己成为学习的主人，活动的主导，在活动中尽情表达自己的想法，使自己真正成为活动的实施者和受益者。探究式教学法给学生提供了充分的展现舞台，要全面反映学生的真实学习状况，生动展示学生真实的思想活动，在活动过程中，作为活动的参与者，学生要对活动的开展有一个独立的整体判断，对问题的分析进行独立的思考调查研究，特别是在自己的想法遇到瓶颈时，不要急于去比对别人，保留成果的独创性。需要提示的是，学生之间相互的横向交流与独立思考并不矛盾，每个学生对具体法律问题的看法都不相同，不排除有的思路错误导致结果偏移，但这种真实的结果正好反映了学生对知识的掌握程度，探讨研究活动的最后，也是学生提升程度最大的时机，通过教师的点评和相互交流结果，进一步挖掘法律知识、观点在具体问题中的运用，能够为自身在研究中遇到的问题提供参考，这些交流往往会让学生眼前一亮，在法律知识的掌握和法治素养的养成上，实现质的飞跃。

第一，科学选择探究主题。探究式教学的主题选择，是整个教学法设计的核心部分，决定着整个教学活动的走向和最终教学效果的形成。在选择主题时，首先，要符合教学目标，要属于教学的重点内容，且学生在理解和运用上，还存在一定的认知难度。其次，要贴近学生，与学生关注的自身利益或社会热点相关，以利于激发学生的参与热情和兴趣。再次，要在学生的掌控范围之中，非法学专业的学生对于法律理论和知识的探究，以实证和实用性的分析研究为主，不要刻意追求对深奥理论的分析，更不要刻意追求学生在理论和实践上的创新，一切以满足实践需要，指导实际生活为主。

第二，合理组建探究小组。探讨研究是一个集体协作，集智攻关的过程，不可能由某个学生独自完成，必须以群体的形式展开，最常用的方式，就是根据学生人数组建探究小组。高校思想政治理论课的一个教学班级都在50人以上，甚至更多，组建探究小组时，要充分考虑到班级的实际情况。一要尊重学生意愿，二要考虑到学生有方便交流的场所与空间，三要控制小组规模，一般在4~8人。教师在组建探究小组时可以采取民主的方式，自愿的原则，但也要预备出分组方案供学生选择，譬如以寝室为小组，方便学生随时就主题进行商讨研究；譬如先选出组长，由组长组建探究小组等。

第三，有效指导探究过程。尽管在探究式教学活动中，教师与学生的地位更趋于平等与合作，但整个活动仍然由教师主导，特别是开放性的课题，存在着诸多不确定性，学生的研究走向如何，很难掌握，教师在活动设计前、活动组织中，都要有概略的方向设定，以使整个活动紧贴中心，服务教学，达到预期效果。当然，尽管教师在知识的掌握程度和问题的洞察力上，相比学生具有一定的优越性，而且在身份地位上又居于主导，但在探讨研究过程中，教师除了发挥事前策划与事中组织的作用外，还要尽力站在与学生平等的地位上，真正参与到学生的研究活动中来，充分尊重学生的意见建议，保护学生的自尊心与求知欲，与学生坦诚相待，真诚沟通，获得学生的理解与支持。

第四，对探究情况进行总结、评价。探究式教学法目的是促进学生对法律知识的深层次研究分析，尽管整个过程由学生自主研究，但老师并不会因此减负，相反，一次效果显著的探究式教学，整个过程中，教师的责任和工作量更大。特别是教师对于每个小组、每个学生在探究活动中的表现，都要有详细的记录、细致的总结，要由教师对整个探究过程进行评价，评价过程以肯定好的方面、激发学生的研究兴趣为主，但也要注意指出学生在探究过程中的倾向性问题，特别是明显错误的研究方法要予以纠正，这样可提高学生对知识的理解与运用，也激发学生持续参与法治素养教育的兴趣与热情。

探究式教学法示例：

课程名称：思想道德修养与法律基础

教学主题：依法治国和以德治国相互结合

教学形式：辩论赛

教学时长：1学时

教学目的：通过本节课，让学生充分认识到法律规范作用和道德教化作用，及二者之间的联系与区别。

课前准备：第一，提前一周从所教两个专业班级中分别组建辩论队。第二，抽签决定正反方。要求队员根据所选主题查阅资料、观察生活、寻找论据，做好辩论前的各项准备。第三，制定比赛规则，聘请比赛评委，对于参赛队员给予物质奖励，选出最佳辩手。第四，购买奖品。第五，打印标签，提前进教室进行板书，摆放桌椅，布置场地。

课堂环节：第一，主持人宣布辩论赛辩题：社会稳定主要靠德治还是靠法治？介绍正方观点为社会稳定主要靠德治，反方观点为社会稳定主要靠法治。并宣布比赛规则，介绍评委组成（3分钟）。第二，辩论赛流程（34分钟）：双方一辩陈述各自观点（各3分钟，共6分钟）→双方二辩、三辩之间进行攻辩（每人2分钟，共8分钟）→双方一辩对攻辩进行总结（各2分钟，共4分钟）→自由辩论（各5分钟，共10分钟）→双方四辩总结陈词（各3分钟，共6分钟）。第三，教师总结（7分钟）：社会主义法律和社会主义道德在性质、作用和目标上的一致性，决定了建设中国特色社会主义法治国家必须一手抓法治、一手抓德治，坚持依法治国和以德治国相结合。中华人民共和国成立以来的实践证明，法治和德治，是治国理政不可或缺的两种方式，如车之两轮，鸟之两翼，忽视其中任何一个，都将难以实现国家的长治久安。只有让法治和德治共同发挥作用，才能使法律与道德相辅相成，法治与德治相得益彰，做到法安天下，德润人心。

3.情境教学法

教育的关键手段是其提供的经验，而不是展现在学生面前的东西。教师可以通过营造环境、构建情境来提供教育经验，以激发所期望的反应。情境教学是指在教学过程中，教师有目的地引入或创设具有一定情绪色彩的、以形象为主体的生动具体的场景，以引起学生一定的态度体验，从而帮助学生理解教学内容，并使学生的认知水平、智力状况、情感状态等得到优化与发展的教学方法。情境教学，是学生与教师相互配合、彼此互动、共同促进的结果，能最大限度地缩短知识与实践之间的距离，既提高学生的知识掌握程度，又锻炼学生对知识的灵活运用，同时还能检验学生法治素养在具体情境中的真实反应。

组织一堂模拟法律活动，需要完成以下几个方面的工作：

（1）前期准备

台上三分钟，台下十年功。首先，要激发学生的参与热情。这要求教师平时要注重累积“人气”，通过课堂赢得学生的尊重和信任，在课后多和学生沟通交流，拉近与学生的距离。这样在进行各种教学活动时都能得到学生的支持。另外，除了靠“人气”，还要给予适当的精神奖励，如通过加分等吸引学生参与其中，有经费的话，可以进行一些物质奖励。其次，要认真撰写情境剧本。这要求教师平时要注意搜集案例，撰写出的剧本要贴近学生的实际。剧本应是学生在具体的学习生活中真实存在的内容，涉及的法律问题，也是学习生活中真真切切能够遇到的问题，只有这样，学生在具体的操作中才能作为当事人参与，将自己在活动中的所知、所感真实地反映出来，既展示自己对具体问题的分析能力、法律知识的综合运用能力，同时又反映自己在具体问题中的不足，为法律在生活中的实践提供直接的指引。

撰写出来的剧本要严谨规范，以模拟法庭为例，相关判决要符合法律规范，组织过程也要符合法律程序。

剧本示例：

课程名称：思想道德修养与法律基础

教学主题：尊重社会主义法律权威

教学目的：第一，通过模拟案件的审判，发挥法律的教育作用，帮助学生树立法治观念，培育尚法精神，提升学生的法治素养。第二，帮助学生掌握刑法具体法条和刑事诉讼法的相关知识点，直观感受刑事审判的程序运行和法律运用。第三，通过角色扮演，让参与学生结合各自扮演的角色，对法律条文和法律程序进行实践性思考，增强学生的理论知识应用能力、事实判断能力、案例分析能力、语言表达能力、协作应变能力等。

教学方法：情境式教学法——模拟法庭

剧本：

①案件重现（5分钟）

张强（化名，20周岁）和李海（化名，19周岁）均是××大学学生会干部，两人在学生会工作中因意见不一，曾经发生言语冲突，2017年期末学校组织对学生会干部考评，张强考评结果为不称职，统计测评结果并形成测评结论的人是李海。张强认为李海是故意刁难自己，遂对其产生不满。××日晚，张强酒后，向同学王平（化名，19周岁）提出要让李海付出代价，王平表示赞同。二人在宿舍楼下将李海拦下，发生推搡，王平将李海推倒，张强拿起楼口一个板凳，猛敲李海头部两下，李海当场昏迷。李海颅内出血，经法医鉴定为轻伤。

注意事项：组织案件重现，由参加庭审的相应角色扮演者，就两名犯罪嫌疑人对被害人实施故意伤害的过程进行演示，演示过程要突出不同角色在案件中的地位作用，特别是构成犯罪的要件要演示清楚。

②庭审过程（40分钟）

根据确定的剧本，按照角色分配，模拟法庭对案件的审判，为了扩大教学效果，可以公开演示，邀请其他班级的学生观看，参观学生的身份，可以设定为旁听人。

书记员：现在宣读法庭纪律。根据《中华人民共和国人民法院法庭规则》规定，诉讼参与人及旁听人员应遵守以下规则：第一，诉讼参与人应遵守法庭规则，维护法庭秩序，不得喧哗、吵闹；发言、陈述和辩论，须经审判长许可。第二，公开审理的案件，公民可以旁听。第三，诉讼参与人、旁听人应当遵守以下纪律：未经审判长许可，不得录音、录像和摄影，不得通过发送邮件、博客、微博等方式传播庭审情况；不得随意走动和进入审判区；旁听人员不得发言、提问；不得鼓掌、喧哗、哄闹、随意走动；进入法庭必须将移动通信工具关闭或者调为静音、振动状态。不得实施其他扰乱法庭秩序的行为。第四，对于违反法庭规则的人，审判长可以口头警告、训诫，也可以没收录音、录像和摄影器材，责令退出法庭或者经院长批准予以罚款、拘留。第五，对哄闹、冲击法庭，侮辱、诽谤、威胁、殴打审判人员等严重扰乱法庭秩序的人，依法追究刑事责任；情节较轻的，予以罚款、拘留。

第一阶段：法庭审理开始。

书记员（起立）宣布："下面，请公诉人、辩护人、代理人入庭。"

书记员："全体起立，请审判长、审判员入庭。"

书记员：审判长，公诉人、辩护人、代理人均已经到庭。被告人已提押候审，开庭前准备工作就绪，可以开庭。

审判长：××法院审理被告人张强、王平涉嫌故意伤害罪案现在开庭。传被告人张强、王平。首先核对2名被告人及其辩护人基本情况。

被告人及其辩护人应答审判长提问，包括姓名、出生年月、民族等身份信息，辩护人所在单位、受委托情况等。

审判长：被告人张强、王平，××市人民检察院刑诉〔2017〕××号起诉书副本收到没有？

张强：收到了。

王平：收到了。

审判长：被告人张强、王平涉嫌故意伤害罪一案，××市人民检察院于2017年×月×日向本院提起公诉，今天在此对本案依法进行公开审理。根据《中华人民共和国刑事诉讼法》有关规定，现在宣布法庭组成人员、书记员、公诉人、辩护人名单以及被告人在法庭上享有的权利。（法庭组成人员略）

依照《中华人民共和国刑事诉讼法》第28条、第29条、第185条、第192条、第193条之规定，在庭审过程中，当事人、法定代理人依法享有以下权利：①申请回避权。②有申请新的证人到庭，调取新的证据，申请重新勘验或鉴定的权利。③辩护权。④最后陈述权。

审判长：被告人张强、王平，以上宣布的法庭组成人员、书记员、检察人员名单以及你在法庭上所享有的诉讼权利，是否听清楚了？是否申请回避？

张强：听清楚了，不申请回避。

王平：听清楚了，不申请回避。

审判长：被告人的辩护人是否申请回避？

辩护人：不申请。

审判长：下面开始法庭调查，首先由公诉人宣读起诉书。

公诉人：宣读起诉书（起诉书略）

第二阶段：法庭调查。

审判长：下面开始法庭调查。

审判长：被告人张强，刚才公诉人宣读的起诉书，对你的指控是否属实。

张强：属实。

审判长：现在可以就起诉书指控的犯罪事实进行陈述，你是否需要陈述？

张强：不需要。

审判长：你是否自愿认罪？

张强：我认罪。

审判长：现在公诉人可以讯问被告人。

公诉人：本院起诉书指控你故意伤害罪的事实是否属实？

张强：属实。

公诉人：是谁提出来要殴打李海的？

张强：是我提出来要让他付出代价的。

公诉人：打人过程中，你们分别做了什么？

张强：我和王平让李海道歉，他态度蛮横，不肯道歉，我和王平推了他几下，他也反推了我们几下，王平用劲过大，将他推倒在地上。

公诉人：李海倒地后，你做了什么？

张强：李海后脑勺砸地，他爬起来坐在地上骂得特别难听，我一气之下拿凳子砸了他两下。

公诉人：凳子哪里来的？

张强：凳子是宿舍门口用来挡门的，我随手拿的。

公诉人：审判长，我的讯问完毕。

审判长：辩护人可以向被告人发问。

张强辩护人：你和被害人李海是否认识？

张强：我和他都是学生会干部，工作关系，但意见经常不合，经常争吵。

张强辩护人：你当时有没有想要把李海打成什么样子，对王平有没有提什么要求？

张强：没有，就是想教训教训他。

张强辩护人：审判长，我问完了。

审判长：传被告人王平到庭，被告人张强退庭候审。

审判长：现在被告人王平可以就起诉书指控你的犯罪事实进行陈述，你是否需要陈述？

王平：不需要。

审判长：你是否自愿认罪？

王平：我认罪。

审判长：现在公诉人可以讯问被告人王平。

公诉人：被告人王平，是谁提出要殴打李海的？

王平：是张强提出来的，我没反对。

公诉人：在殴打过程中，你们分别实施了什么行为？

王平：我和张强拦住了李海，发生了争吵，双方都骂得很难听，相互推了几下，结果我太用力，把他推倒在地上，倒地后李海骂得很难听，张强拿凳子砸了他两下。

公诉人：张强拿凳子砸人后，你做了什么？

王平：我好像踢了他一脚，记不起来了。

王平：打完人后，我们一直躲在宿舍里没出去，直到警察来把我们带走。

公诉人：审判长，我的讯问完毕。

审判长：辩护人可以向被告人发问。

王平辩护人：你知道不知道打人是犯法了？

王平：我当时没想那么多，就是想出口气，也没想打伤他。

王平辩护人：你跟李海认不认识？

王平：学生会组织活动时见过两次，说不上熟悉。

审判长：传被告人张强到庭。

审判长：现在由公诉人向法庭举证。

公诉人：在公安证据卷15—18页。被告人张强的供述和被告人王平的供述基本一致，主要证实了其与王平一起实施故意伤害犯罪的过程。

审判长：被告人对该证据有无异议？

张强：无异议。

王平：无异议。

审判长：辩护人对该份证据有无异议？

张强、王平辩护人：无异议。

审判长：公诉人继续举证。

公诉人：在公安证据卷××页。宿舍管理员赵××的证言证实：××月××日晚上9点多，我看到两个青年，把人打倒后直接进了宿舍，这两个青年每天都经过宿舍门口，我不知道名字，但知道他们是本校学生，住在哪个宿舍，后来我到宿舍楼巡查时，还在宿舍里看到了他们。

审判长：被告人对上述证据有无异议？

张强、王平及各自辩护人均表示无异议。

公诉人：向法庭宣读法医鉴定结论，李海系跌倒和硬物敲击，造成颅内出血，轻度脑震荡，构成轻伤。

审判长：被告人对上述鉴定结论有无异议？

张强、王平及各自辩护人均表示无异议。

第三阶段：法庭辩论。

审判长：现在开始法庭辩论，首先由公诉人发表公诉意见。

公诉人：审判长、审判员，

根据《中华人民共和国刑事诉讼法》第153、160、165、169条的规定，我受××市人民检察院的指派，代表本院，以国家公诉人的身份，出席法庭支持公诉，并依法对刑事诉讼实行法律监督，现对本案证据和案件情况发表如下意见。

第一，本院指控被告人张强、王平犯故意伤害罪事实清楚，证据确实充分。故意伤害罪是指故意非法伤害他人身体并达到一定的严重程度、应受刑法处罚的犯罪行为。在刚才的法庭调查中，针对起诉书所指控被告人张强、王平的犯罪事实，公诉人当庭讯问了两名被告人，宣读了有关证人证言，并出示了有关证据材料。这些证据系公安机关依法取得，经过当庭质证，被告人均无异议，应认定合法有效。这些证据已经充分说明本院指控两名被告人故意伤害的犯罪事实，两被告人经预谋，于2017年××月××日晚9时许，至本市××学院宿舍楼下，采用暴力的手段对李海进行殴打，造成李海颅内出血，轻度脑震荡，构成轻伤。

被告人张强、王平主观上具有伤害他人的故意，客观上实施了伤害的行为，并造成了李海轻伤害的后果，其行为已触犯《中华人民共和国刑法》第234条的规定，构成故意伤害罪，应当追究其刑事责任。

第二，关于被告人张强、王平的认罪态度及量刑意见。被告人张强、王平，以暴力手段，伤害他人身体，并构成轻伤，其行为均已触犯《中华人民共和国刑法》第234条，犯罪事实清楚，证据确实充分，均应当以故意伤害罪追究其刑事责任，应判处三年以下有期徒刑、拘役或者管制。本案系共同犯罪，在共同犯罪中，被告人张强、王平均起主要作用，根据《中华人民共和国刑法》第25条第1款、第26条第1款和第4款的规定，均系主犯。被告人张强、王平认罪态度较好，并对被害人进行了相应的赔偿。

综合以上意见，建议法庭以故意伤害罪判处被告人张强一年六个月以上三年以下有期徒刑；以故意伤害罪判处王平六个月以上三年以下有期徒刑。

审判长：下面由被告人自行辩护。

张强：由辩护人帮我辩护。

王平：由辩护人辩护。

审判长：辩护人发表辩护意见。

张强辩护人：对起诉书指控被告人张强构成故意伤害罪不持异议，我依据有关法律法规，结合本案犯罪事实、量刑情节发表以下意见，恳请法庭予以充分考虑。本案被告人张强平常表现一贯很好，还是学生会干部，积极上进，作案时，只是出于给对方点教训的意图，别无其他犯意，属本人年龄较小，一时糊涂所致，案发后，能坦白交代自己罪行，认罪态度好，其父母又及时对被害人进行了赔偿，恳请法庭在对张强量刑时，充分考虑上述情形，从轻处罚。

王平辩护人：我对起诉书指控被告人王平构成故意伤害罪不持异议，但王平纯粹就是为了给朋友出口气，动机单纯，没有蓄意伤害的目的，将李海推倒在地具有偶然性，危害程度较小。另外，被告人王平还是个大三学生，平时表现优异，对自己一时冲动铸成大错的行为追悔莫及。目前，王平的父母已经支付了被害人的医疗费用，并进行了经济赔偿。综上所述，恳请法庭能够考虑被告人王平犯罪行为的危害轻微，以及自己主动认错、改过自新的态度，对被告人王平从轻处罚。

审判长：公诉人可以针对被告人的辩护意见进行答辩。

公诉人：本案的两名被告人都是在校大学生，前途美好，但一时冲动走上犯罪的道路，令人惋惜，但综合其犯罪动机及造成的伤害，又觉得可恨。在本案中，两名被告有事先预谋，有确定的作案对象，在作案时两人均积极实施了伤害行为，导致被害人头部的损伤达到了轻伤，尽管两名被告都还很年轻，社会阅历浅，但作案手段较为残忍，造成的损害也较为严重，应当受到法律的严惩。考虑到两名被告人悔罪态度较好，主动对被害人进行了赔偿，对被告人张强、王平可以酌情从轻处罚。

审判长：辩护人有无新的辩护意见补充？

张强、王平辩护人：没有。

审判长：公诉人有无新的意见补充。

公诉人：没有。

审判长：以上关于被告人张强、王平犯罪的事实已经调查清楚，相关证据以及控辩双方辩论的内容，本庭已经记录在案，法庭辩论结束。

第四阶段：被告人最后陈述。

审判长：被告人张强、王平，现在你们可以分别就本案的事实、证据、罪行有无及轻重程度，对犯罪的认识及定罪、量刑的要求等，作最后陈述。

张强：我是一个农村孩子，十几年寒窗苦读，就是为了给自己谋取一个美好的未来，在学生会工作期间，我也一直积极表现，希望能够让自己得到更多的锻炼，但由于我好胜心太强，自尊心太重，听不进别人意见，也不能容忍别人的负面评价，才导致了这次犯罪的发生。我现在真的很后悔，对不起父母，对不起老师。我真的知道错了，今后一定好好改造，争取早日释放，重新做人。希望法庭能给我一次机会。

王平：我走到这一步，完全是法纪意识太淡薄造成的，以为替哥们出口气，是理所应当的，以为踢人几脚，推打几下是无关紧要的，没想到一动起手来就控制不了。我现在特别后悔，希望能有机会弥补我的过错。

审判长：庭审到此结束，现在闭庭。

第五阶段：宣判。

审判长：全体起立。被告人张强、王平故意伤害一案，经本院依法公开开庭审理，根据控辩双方提供的事实及证据，依法确认被告人张强、王平故意伤害他人。被告人张强、王平使用暴力故意伤害他人，其行为触犯了《中华人民共和国刑法》第234条的规定，构成故意伤害罪。被告人张强、王平在共同犯罪中均起主要作用，根据《中华人民共和国刑法》第25条第1款、第26条第1款和第4款的规定，均系主犯。被告人张强、王平认罪态度较好，主动赔偿，可以酌情从轻处罚。现判决如下：被告人张强犯故意伤害罪，判处有期徒刑一年六个月，被告人王平犯故意伤害罪，判处有期徒刑九个月。

审判长：现在将被告人张强、王平带出法庭。

两名法警齐步走到被告席，将被告人张强、王平带出法庭。

为了使情境教学顺利进行，课前要组织学生进行预演排练，防止在课堂演绎时出现笑场、忘词等状况，会影响课堂秩序，达不到教学效果。

（2）创设情境

恰当的情境设置会增强情境教学法的效果。譬如模拟法庭如果能在布设逼真的法庭中进行，肃穆的环境、庄严的法袍，会迅速将学生带入情境。如果由于条件所限，一些硬件条件无法模拟，也可以利用教室现有条件创设情境。还是以模拟法庭为例，没有模拟法庭，可以利用现有条件按法庭进行相应布置，在荧幕上悬挂国徽，要求扮演法官、书记员、公诉人、辩护人的同学统一着正装，营造法庭的肃穆感。桌椅进行也严格按照法庭的布置摆放，并制作标签标识出相应身份。

（3）情境的演绎

情境的演绎要求学生带着角色定位展开，因而，在扮演者的选择上要有所选择，法官、检察官的扮演者要尽量成熟稳重，体现执法者的威严；而犯罪嫌疑人的扮演者，既要体现身份的特性特征，又不能给扮演者本人造成人格上的侮辱或伤害；同时，还要注意台下学生的纪律，杜绝打闹、起哄等情况，使整个组织过程严肃逼真。另外，教师还要在活动中观察台上台下学生的反应，根据学生情绪找出兴趣点、关注点，掌握学生在知识理解上的困惑。

（4）探讨与总结

情境教学能制造身临其境的直观感觉，能充分调动学生的情绪，所以在情境演绎结束过后要留出时间、创造机会让学生各抒己见，充分表达自己的意见观点，总结自己的收获。教师要在最后对整个情境教学进行评价，肯定学生的付出，点评学生的表现，总结学生的成果。前期的准备、课前的布置和课堂的演绎都是为了最后的探讨与总结做铺垫，成功的探讨与总结才是情境教学最后的升华。

例如上述剧本演绎后先由教师组织访谈（20分钟）

访谈参与演示的2~3名学生，问题：通过本次参与演示，你有何感触？最大的收获是什么？

访谈作为旁听者的4~6名同学，问题：通过本次模拟法庭的演示，你有何感触？最大的收获是什么？

然后由教师总结。

其一，法律神圣不可侵犯，法律面前人人平等，任何人触犯法律都会受到法律的制裁。《中华人民共和国刑法》第17条第1款规定，已满十六周岁的人犯罪，应当负刑事责任。

其二，学习法律知识、树立法治观念、教育尚法精神、提高用法能力，提高个人的法治素养。作为一名年轻人，特别是正在接受高等教育的大学生，首先应该有正确的法治观念，平时不要把课堂上的法律知识当成是死记硬背的内容，那些看似与己无关的法条，其实就是立在头上的一柄利剑，随时随地都在监督和约束着人们，一旦突破法律的底线，就必将要受到严厉的制裁。无论是生活中，还是学习上，要时时刻刻绷紧法律这根弦，做事情多想一步，情绪激动时，先冷静一下，想一想自己的行为会不会已经触碰了法律，反省一下自己的决定会不会伤害自己和家人，法律是最低的道德，判断一件事情正确与否，首先要看会不会触犯法律，如果触犯了法律，就算再有哥们义气、朋友感情，也不要去做，反过来说，让你违法乱纪的义气与感情，也绝对不会是真正的友谊。

其三，妥善处理矛盾，珍惜同学感情。大学生都是二十左右的年纪，多美好的年龄，多么令人羡慕的身份，你们的未来还有无数种可能，有些道理自己应该多想一想。在增强法治意识的同时，还要从小事做起，做到防微杜渐，知足知止，在处理同学间的矛盾时，完全可以有更多的方式，比如，对自己的考评结果不服，可以申诉，可以复议，同学之间有矛盾，也可以开诚布公地提出来，彼此之间纠正错误，消除误解，不管用什么方式来解决矛盾，都不能伤害他人的合法权益，否则，就算再有理的事情，也变得没有理了，特别是与人交往要谦和温顺，不能以暴制暴，更不要以为暴力可以解决一切问题，相反，一旦付诸暴力，只会让问题变得更加严重。

（二）加强教师教育，增强法学功底

我们所教的学科就像生活一样广泛而复杂，所以关于学科的知识总是有缺陷和偏差的。近年来，在依法治国的治国理政方略指导下，国家治理层面，法治和法律的地位和作用日渐突显，法治政策不断出台，新知识新观点新理论不断涌现，以十九大报告为例，报告全文33次提到“法治”，19次提到“依法治国”，还决定成立中央全面依法治国领导小组，领导全国法治建设，并首次在党的代表大会报告中使用“法治素养”这一概念。与此同时，各法律部门不断修订完善，法律规范更新速度加快，思想政治理论课教师仅靠现有的法学功底，显然无法与国家和社会法治建设发展相协调统一，需要加快法律知识的储备与更新，增强法学功底，以适应提升大学生法治素养对教师提出的新要求。陶行知先生说，要想做教师的人把岗位站得长久，必须使他们有机会一面教、一面学，教到老，学到老。思想政治理论课教师的教学任务都十分繁重，时间和精力相对有限，学校要创造机会让他们“一面教、一面学”，将短期的集中培训与岗位、工作相结合的嵌入式学习培训相结合，重点发展以下三种方式。

1.立足校内资源开展自主培训

第一，聘请法学专家，传授法律知识。法学功底可以说是思想政治理论课教师的短板，必须依靠专业的力量才能把这块短板补齐。法律知识浩瀚如海，但是大学生法治素养里的法律知识维度是确定的。学校或者相关部门可以把大学生法治素养中涉及的法律知识分成五个专题：中国特色社会主义法治理论知识、宪法知识、民商经济法基础知识、刑法基础知识、诉讼程序基础知识。各学校也可以根据实际情况进一步细化知识模块，设置更多专题，或者对上述五个专题进行拆分组合。每个专题请到法学专家来给思想政治理论课教师做专门的讲解。尽管聘请法学专家进行专题讲解会占据老师较多的时间，也需要学校配备一定的经费，但对教师而言，这样专业的培训比自己独立摸索效率要高很多，而且这样专门的集中培训能较大程度提高教师的法学功底，不仅让教师终身受益，而且能够促进大学生法治素养的提升，即便有所花费也是物有所值。

第二，集中专题研讨，解决疑惑难题。法学功底不足的问题现实存在，而传授法律知识、提升大学生的法治素养又是思想政治理论课教师不可推卸的责任。在这样的矛盾下，教师进行集中专题研讨，解决共同面对的疑惑难题可以说是教师增强法学功底最便捷有效的方式了。在教学和个人学习的过程中一定会产生、积攒许多关于法律知识的疑惑，譬如，什么样的案例适用于讲解哪条法律知识？如何讲解不至于引发争议？新出台的法律法规如何融入课堂等？因为思想政治理论课中集中讲法律知识的内容只有三章，所以这里的研讨可以以教材章节进行专题划分。这样的划分基本在老师的掌控范围内，在此基础上再以学生需求和社会发展为依据进行延伸。通过深入的探讨，能有效提升教师的法学功底。

第三，实施多样督学，促进教师提升。通过对教师学习过程和学习效果的动态督导、对教学效果的量化评价、对学生信息的多渠道收集等，实现对教师学法情况的动态监控，及时发现问题，及时作出调整，使整个学习活动始终围绕正常的轨道运转，朝着既定的目标迈进。

以中南大学为例，将学法情况作为领导干部年度考核重要内容和依据；每年组织全校12000余名干部教师参加学法考试，参考率达99%。

当然，考试只是督学的手段之一。督学势必会给老师增加压力，所以督学的手段一定要刚柔并济，既对老师提出明确要求，又给老师必要的尊重，例如，考试的成绩可以不公布分数也不公布排名，但让教师本身了解到自己的学法情况，引导教师直面问题，看到自身的不足，集中力量解决主要矛盾。

2.借助校外资源组织送学培训

定期组织教师开展继续教育，是不断更新教师的教育观念、教育方法技能和专业知识，全面系统地提升教师法学功底的重要方式。对教师的送学培训，根据培训方式和场所的不同，可以分为以下几种方式：

第一，学历教育。在教学任务分配、教学岗位安排上，适当留出空间，鼓励和支持有能力有条件的教师参加国家统一组织的学历教育考试，专业对口地攻读法学硕士、博士学位，学成后定向回到原有的教学岗位，继续从事法治素养教育，通过系统的学历教育，高度提升教师的法学功底，同时，提供具有较强吸引力的待遇条件和晋升空间，留住学业有成的法学专业的高层次人才。

第二，短期培训。通过上级计划安排和学校协调联系，有计划地选送部分教师到综合条件和教学水平更高的学校、研究机构委托培训，或者推荐优秀青年教师参加国家重点科研和理论课题研究，参与大型法治素养教育政策制定和社会法治素养教育实践活动，在更高层面的实际锻炼中提升教师的法学功底。

以辽宁省为例，2017年9月14日至16日，由辽宁省教育厅举办、辽宁大学承办的首届全省高等学校非法律专业学生法治素养教育师资高级研修班完成培训。省内高校非法律专业学生的法律课教师、负责法治宣传的教育工作机构负责人等近100人参加了培训。学员普遍反映，接受了一次贯彻落实《青少年法治教育大纲》的高质量培训，进一步了解了全省青少年法治素养教育发展情况，提高了贯彻落实《青少年法治教育大纲》的思想认识，拓展了高校非法律专业学生法治素养教育以及“七五”普法宣传教育的思路和路径，坚定地树立了法治观念，对开好法律课、开展有针对性实效性法治实践活动的工作任务和要求更加明确、更有信心，努力培育大学生成为社会主义合格公民。

考虑到高校法治素养教育教师教学任务较重，岗位相对固定，一般无法长时间脱产进行学习，因此，在培训内容的设计和培训形式的设计上，时间一般以不超过一周为宜，培训内容应该精练丰富，既有校际的经验交流，又有专家的理论授课，既有实用性的直接观摩旁听，又有相关教学法的示范与演练，同时，还要为教师与地方教育资源的对接提供机会或模式。

第三，挂职锻炼。在一定的政策支持下，派送教学骨干到政府法治部门、法院、检察院、律师协会和专业法学教学单位进行挂职锻炼，在具体的法律实务性工作或执法监督过程中，切身体会社会法治化进程，掌握具体法律规范的执行程序与要求，提高其法学功底，为下一步有效的课堂教学打下良好的实践基础。

3.结合个人实际加强自我教育

改进教育实践的最好的希望是，把教师提升为自主的和反思的人。在学生的学习和生活中，教师始终伴随左右，不仅教师本人是具体的、可触可感的生动示范，同时，教师也是学生法治素养教育活动的管理者、法治观念的传递者、尚法精神的倡导者、法治氛围的营造者。教师在对学生进行示范与引导的过程中，也在不断地自查与自省，发现自身的不足，并不断完善自身能力，提高自身知识水平，增强自身吸引力与示范力。促进教师自我教育，自我提高，一方面靠教师的自发而为，另一方面，靠学校的激励引导。

第一，教师主动自学。教师的自学以教师对自身法学功底的差距判断和需求为主，结合教学工作需要，通过自己有计划、有步骤地进行学习充电，不断丰富自身的法律理论水平和知识储备，增强法学功底，以适应高校法治素养教育不断发展的形势和任务需要。目前，教师的自我学习可以有以下几种方式：

一是阶段性的，即以某一个时间为阶段，如假期、年度等，有计划地集中学习某一方面的法律知识，或攻克某一个具体的理论难题，在此过程中，获得法学功底的提升。二是目标性的，即以某一特定的目标为学习方向，例如，参加国家法律职业资格考试、参加法律专业自学考试等，通过目标的实现来促进法学功底的提高。三是研究性的，结合工作中发现的某个有研究价值的主题，开展学术研究，通过撰写论文、申请课题等，在学术探索中使法学功底提升。

教师的自学过程，也是一个教学相长的过程，因为教师的言传身教，不单单表现在有意或无意地为学生提供法律知识，更重要的是，他们通过自身的示范，为学生提供了一种对待法律知识的学习态度和学习方法，教师对法律知识的学习和坚守，也将直接影响着学生对法律知识的学习情况。

第二，学校激励引导。由于教学资源和条件的限制，不可能每一个教师都能获得集中培训的机会，因此，在日常的教学与管理中，学校通过激励与引导，倡导教师通过自我学习，提高自身法学功底，更好地为提升大学生法治素养服务，就显得更加重要。学校的激励引导主要有以下几种方式：

一是物质奖励式。以教师的教学成果为奖励标准，设定不同等级，成果越多，层次越高，得到的奖励就越多。比如，有的学校鼓励教师参加国家法律职业资格考试，为通过考试的教师报销全额学习费用，并给予丰厚的物质奖励，有的学校对教师的学术成果分类设定奖励标准，甚至直接与教师的工资等级挂钩，这些客观的利益能够激发教师的学习热情。

二是竞争评比式。在学校范围内，有组织地开展教师法学功底的评比活动，就教师的知识储备、教学水平等，设计评比内容，开展评比活动。通过有针对性的评比，一是激发教师学习和研究法学的兴趣，二是有利于教师在评比过程中查找自身不足，以及与他人的差距，三是有利于向他人学习。

三是典型示范式。有目的地选择一些平常教学成果突出、日常注重通过自我教育提升法学功底的教师为先进典型，加大对他们的宣传，组织他们深入分享心得体会、传授经验方法，通过榜样的示范与感召，激发思想政治理论课教师学习法律知识的活力，全面提升教师的法学功底。

二、学校助推：探索提升大学生法治素养的辅助措施

除了思想政治理论课课程能够具体实施提升大学生法治素养的相关法治素养教育外，学校范围内面向学生的各种法务服务机构的设立、各类法务服务举措的实施，还有校园文化中的法治元素影响等，都将对大学生法治素养的提升起到重要的促进作用，学校要立足于对提升大学生法治素养的关怀与帮助，致力变革，大胆创新，发掘校内法治素养教育资源，凝聚校园法治素养教育合力，为提升大学生法治素养提供必要的帮助。

（一）建立法治素养教育实践基地

法律的生命力在于实施，法律的权威也在于实施。对于大学生来说，校园环境相对封闭、人际关系相对简单，在这样的环境中，要让学生把绝大部分的法律知识都亲自经历或实施，不具备可能性，要想让重要的法律知识得到验证，重点的法律关系得以呈现，需要在特定的场所进行展示或模拟。法治素养教育实践基地，正是承担着这样一项任务的专门场所，通过突出法治素养教育的资源整合和方式方法创新，注重利用各种教育技术和手段，为学生提供具有实践性、互动性的法治素养教育内容和平台，帮助学生开展法律知识的体验与运用，实现法律知识的内化。法治素养教育实践基地的建设引起了国家教育主管部门的高度重视，2016年9月，教育部等七部门专门印发了《关于加强青少年法治教育实践基地建设的意见》，2017年，教育部在年度工作要点中明确提出：深入开展青少年法治教育，完成全国青少年学生法治教育实践示范基地建设。从高校层面，建设和利用好法治素养教育实践基地，将为提升大学

生法治素养起到重要的促进作用。在现有条件和政策支持下，高校法治素养教育实践基地建设和利用主要有以下两种方式。

1.依托学校资源自建法治素养教育实践基地

由高校结合自身法治素养教育课程改革创新成果，汇聚全校法治素养教育设施资源，为学生开展法治素养教育提供实践与交流的平台。由于高校自身具有场地和设备上的各种优势，学校独建的法治素养教育实践基地，可以组合利用校内各类教学场所，设备资源也可以就地取材，重复利用，具有简单快捷、经济高效等特点，在满足本校师生教学与实践的基础上，还可以辐射其他院校，提供服务保障，实现资源共享。

2.联合执法单位共建法治素养教育实践基地

按照中共中央办公厅、国务院办公厅印发的《关于实行国家机关"谁执法谁普法"普法责任制的意见》（中办发〔2017〕31号）要求，各执法部门都承担着相应的普法责任，在该意见的指导下，各地的普法活动创新举措不断，其中，非常有力的一条就是由执法单位建设法治素养教育实践基地，并面向社会和各级院校开展法治宣传。这些由执法单位承建的法治素养教育实践基地，具有丰富的教育资源、专业的教育力量，能够为提升大学生法治素养提供良好的实践平台。而高校为了使法治素养教育基地的功能、作用更加切合大学生法治素养教育实际，也可以与执法、普法单位进行联建共建，在双方达成合作意向的前提下，对基地的建设与运行进行必要的干预，使其更加符合大学生法治素养教育的实际。[①]这些工作，在全国各地都已经有了一些先行探索，并取得了一些有益的成果。

河南省首个青少年法治教育实践基地于2017年7月在登封市揭牌，该基地由郑州市中级人民法院承建，基地的展区共分为序厅、德、学、警、防、爱、行、尾厅八个展厅，突出"法治"主题，凸显"教育""宣传"两大功效，集教育性、警示性、趣味性、实践性、延展性为一体。

---

①张晓敏．大学生法治素养研究[D]．东北师范大学，2018.

在寓教于乐的过程中，提高学生参与的趣味性、积极性；以活动、交流、体验等形式教育青少年学法、守法、用法和培育自爱自护的意识和能力。

大庆高新区人民法院与辖区大庆石油大学、八一农大、哈医大等各大高校共建法治教育与社会实践基地，法院为基地提供实习场所、指定精英法官担任学校兼职法治辅导员、定期开展法治讲堂及邀请学生旁听庭审等多种形式，协助高校开展大学生法治素养教育，使实践基地转化为夯实大学生法治素养的平台和综合型人才教育的摇篮。

（二）成立学生法务服务中心

成立学生法务服务中心能培育学生“有事找法”的习惯，增强学生的法治观念，提高学生的用法能力，并且法务服务中心的运转，能够切实对学生的法律行为进行指导，对确有困难的学生个人和家庭的涉法问题提供法律援助，在解决学生涉法问题的过程中，让学生感受到法律的力量和组织的温暖。

1.建立法务服务工作室

大学生在参与社会交往和本身的家庭生活中，遇到法律问题，甚至直接陷入法律纠纷的情况越来越多，而很多问题，学生本身又不具备解决能力，这就需要专业法律力量的干预和帮助。例如，大学生创业已成趋势，2018年1月6日由中国人民大学发布的《2017年中国大学生创业报告》显示，中国大学生的创业意愿持续高涨，26%的在校大学生有强烈或较强的创业意愿，并呈现低龄化趋势。这些有着创业热情和创业实践的大学生除了需要资金、政策帮扶，也需要一些法律咨询和帮助。另外，学生在课余兼职、假期勤工俭学中遇到的劳务纠纷，在选择就业去向和签订就业合同时的法律疑虑，都迫切需要得到相关的法律咨询与服务。由学校法务部门（党政机关办公室）牵头，凝聚学校已有的法律工作力量，适当引进地方专业的法律服务力量，并合理借鉴社会公益组织、团体的法律服务模式，面向学生成立法律服务工作室，向学生提供免费的法律服务，可以为学生解决生活、工作中遇到的法律问题，宣示和维护学生合法权益，必要的时候，还可以以学校组织的名义，直接参与到涉及学生的法律纠纷调解或法律诉讼中，最大程度地依法维护当事学生的权益，这一过程也必将激发其他学生参与法治实践，提升法治素养水平。

2.打造网上法律服务平台

网上法律服务平台，是指学校利用信息技术手段，通过网络资源建立面向学生的交流渠道，收集学生法律服务需求信息，并向学生提供法律服务的一种服务模式。网上法律服务平台的依托多种多样，可以是网上公开的电子信箱，专门面向学生的论坛、博客等，也可以是专设的手机App，甚至相对范围内的QQ群、微信群，都能实现网上法律服务平台的功能。相比面对面的法律服务，网上法律服务平台有两大优势：一是能跨越空间提供实时服务；二是能更好地保护学生的隐私。因此，网上法律服务平台，不仅可以帮助学生解决工作生活中的法律问题，还可以直接为学生法治素养教育服务。在面向提升学生法治素养服务的过程中，要充分分析网络的在线与互动特点，通过技术开发，就地利用，最大限度地将法治素养教育双向连通起来，既提供便捷的服务，又实施动态的教育辅导。首先，学生在网络世界身份隐匿，一般不以真名出现，可以为教学活动提供更加开放深入的调查，特别是一些学生对家庭、个人的法律问题在现实生活中不愿意向别人表露，一些犯有错误或存在法律认识误区的学生，也不愿意将自己的秘密示人，但这些学生往往愿意将压在心里的烦恼向素未谋面的网友倾诉，利用网络的隐匿属性，能够更加深入地了解学生的法治素养现状，为教学内容、方式的调整改革提供依据。其次，网络在线沟通既可以点对面，又可以点对点，这一特点有利于法治素养教育或服务机构在大范围内向特定的学生群体提供法律服务，同时又便于教师与学生之间点对点指导帮带，实时、快速、隐蔽地为学生提供法律服务。再次，网络渠道作为法治素养教育的辅助手段，既可以直接为学生进行法治素养教育和法律咨询与服务，还可以探索线上服务与线下服务相结合的形式，使虚拟的网络进入现实的生活，特别是在法治素养教育过程中，能够让教师与学生的联系从课堂延续到课外，随时随地为学生进行学习辅导，提供法律帮助。

（三）在校园文化中融入法治元素

文化是一个国家、一个民族的灵魂。文化兴国运兴，文化强民族强。物质环境是校园文化的静态表现，而校园文化活动则是校园文化的动态表现。在校园文化中融入法治元素要从校园环境和校园文化活动两个方面着手。

1. 在校园环境中植入法治元素

马克思认为，人创造环境，同样，环境也创造人。所谓环境，是指人类主体的活动赖以进行的自然条件、社会条件和文化条件的总和。一方面，人是环境的主宰者，人们总是按照主观的认识水平、审美观念、价值标准来组织、改造、利用环境；另一方面，环境又是人的哺育者，环境以其自身独特的形象潜移默化地感染人、熏陶人，使人在不知不觉中受到教育。将法治元素植入校园环境中，形成浓厚的法治素养教育氛围，让学生时刻接受教育和熏陶，提升学生的法治素养。

第一，建设法治文化长廊。利用学校特色文化建设、基础设施建设、校园环境整饬等，开发专门的场地，建设法治文化长廊，集中宣传法治理念和法律知识、宣扬法治文化人物、展示法治文化实物，并组织学生通过绘画、书法、摄影等多种形式，参与到具体的法治主题宣传中来，提高对法治理念、法律知识的认知。

例如，河南师范大学于2015年12月14日举行法治文化长廊揭幕式，近300人参加了仪式。法治文化长廊建设积极响应全面推进依法治国的号召，围绕依法治教、依法治校工作建设落成，大力营造了人人知法、守法、懂法、用法的校园文化氛围。

第二，嵌入法治宣传板块。在原有校园环境格局不变的情况下，对宣传、教育板块功能进行细化，在固定的区域、特定的时段嵌入法治宣传内容，如在校园宣传栏里加入法律知识专栏、法治新闻专栏等；在校园广播中开辟“法治”时段，或制作专题法治宣传节目；在校园网站上增添法治素养教育模块，或在教育软件平台上开发法治素养教育功能；在电子屏幕上滚动播放法治宣传片等，使法治素养教育的内容灵活机动地融合在校园环境之中，所选用的素材都要贴合大学生实际，符合大学生的需要或者兴趣。

例如，西南大学充分运用报纸、广播、电视、网络、微博、微信等传统和新兴媒体平台，制作《法治中国》微信专刊、《法律职业人》电子杂志，《视界说法》《法眼看天下》普法视频等，构建多层次、立体化、全方位的法治宣传网络，不断提高法治宣传教育的覆盖面和渗透力。

第三，抓住重要时间点进行主题宣展。将法治宣传内容与重要的节日、纪念日以及党和国家重大活动结合起来，既可以突出专一的教育主题，又可以成为重要时间点配合活动的一部分。关于宣传的主题，3月8日妇女节，可以宣传《中华人民共和国妇女权益保障法》；3月15日国际消费者权益日，可以宣传《中华人民共和国消费者权益保护法》；4月26日世界知识产权日，可以宣传知识产权法；5月1日劳动节，可以宣传《中华人民共和国劳动法》《中华人民共和国劳动合同法》；6月26日国际禁毒日，可以宣传《中华人民共和国禁毒法》；9月10日教师节，可以宣传《中华人民共和国教师法》；重阳节宣传《中华人民共和国老年人权益保障法》；12月4日是国家宪法日，可以重点进行宪法精神和宪法知识的宣传。抓住这些重要时间点，借助节日氛围，在校园内利用各种宣传手段进行专门的宣传，能加深学生对相关法律法规的认识和理解。

例如，2016年，北京大学法学院开展“12·4国家宪法日”普法宣传教育系列活动，校团委、法学院在三角地举办了“学宪法、讲宪法”校内普法宣传活动，通过“12·4国家宪法日”普法宣传教育活动，使学生对宪法与法律、社会现实与法治建设有了更深层次的理解。

2017年，厦门大学也举办了国家宪法日普法宣传教育活动，特别值得一提的是，活动中还组织了万人宪法宣言签名，由厦门大学携手武汉大学、西北大学、福州大学、西南政法大学等国内高校共同启动，活动采用统一的宪法宣传标语，收集捍卫宪法尊严的签名，同时发放精心制作的宪法普法宣传单，宣传宪法知识，使得宪法的精神不止局限于一城一校，而是在更大范围内学习和宣传宪法和法律知识。

中南大学举办的知识产权宣传活动是湖南省2016年知识产权宣传周系列活动的一环，它的主题为“乐享知识、玩转IP”。“以前，只是在课堂听老师讲相关知识，今天作为一名志愿者亲身参与知识产权的宣传实践，对于知识产权的意义有了更深刻的认识。”一名大学生表示，通过这次实践活动，激发了他将来从事知识产权工作的兴趣。

2. 在校园文化活动中突出法治主题

校园文化活动，是校园文化中的一道亮丽的风景线，具有组织方式灵活、形式新颖别致、学生兴趣度高等特点，在各类校园文化活动中突出法治主题，或者在大型的校园文化活动中设立法治素养教育专场或专区，将极大地丰富法治素养教育内容，强化学生对具体法律知识的认知。

第一，举办法治专题讲座。目前高校法治素养教育课程在学校开设的课程体系中所占比例有限，讲座是法治素养教育课程的有益补充。组织法治专题讲座既可以在课程内结合教学内容组织，又可以在校园文化活动中灵活组织，特别是以校园文化活动形式举办的法治专题讲座，具有面向学生群体更加广泛，讲座主题更加多元，在时间、场地、经费等方面能够获得更多支持等特点，法治专题讲座的主讲人不仅可以聘请法学专家进行专业知识讲座，也可以邀请优秀法官、检察官、警察代表到学校做专场报告，让学生了解具体的司法实践，加强对法治理论和法律知识的直观认识。在讲座过程中还可以设立问答或是采访环节，在教与学双方的互动中，让法学专家或司法工作者了解当代大学生对法治的种种疑惑，而学生也能从专家的解答中了解更多的法律知识，从而形成正确的法治观念，养成法治精神。讲座主题除了注重专业性和理论高度，也要注重与大学生的关联性，让大学生能真正从讲座中学到保护自身权益的知识，提高自身法治素养。

例如，河北省衡水市桃城区人民检察院干警进入高校开展“反校园欺凌，还纯净天空”法治讲座，讲座内容翔实、形式新颖，受到师生的一致好评，同时该院选拔10名法律专业学生担任“法律宣讲员”，与干警一起走进辖区中小学进行反对校园欺凌的法治教育和宣传，取得良好效果。

又如，陕西省西安市高陵区人民检察院干警以防范传销和理性面对校园贷款为题，为辖区内在校大学生举办法治讲座。检察院干警从办案实践出发，深刻剖析传销活动的特点及危险性，引用大量案例让学生了解什么是传销，如何远离传销。通过列举数据和实例，干警还对校园贷款的现状和危险性进行阐述，告诫大学生应当树立正确的消费观念，增强风险防范意识，远离校园贷。

第二，举办法治主题演讲比赛。现代社会，通过语言进行交流与信息传递是一种十分重要的社交能力，而演讲是语言交流与信息传递的重要技能，演讲能够让更多的人了解演讲者的精神状态、观点理念，在社会交往中更好地表达自己、展示自己。组织法治主题演讲比赛，既可以推进比赛参与者对具体法治主题的深入思考，同时可以促进学生之间的交流与沟通，还可以为学生提供展示与锻炼的平台，是深受学生欢迎的一项校园文化活动。为提高比赛的影响力和吸引力，法治主题演讲比赛除了由学校宣传部门或思想政治理论课教研部门承办，还可以联合学生组织和基层党团组织共同举办。为保证比赛质量，可以要求各学院进行预赛，并以学院为单位推选优秀选手参加决赛。演讲主题既要紧贴法治，又要接近学生生活。通过比赛，带动学生主动学习法律知识、领会法治精神、提升法治素养水平。

法治主题演讲比赛活动方案（示例）

演讲主题：法治为我护航，我为法治增光

活动目的：

其一，通过演讲比赛让学生深入思考自身与法治之间的关系，法治为大学生带来了什么，大学生又能为法治做什么；其二，增添校园里的法治元素，使校园文化中蕴含法治主题，为提升大学生的法治素养创造浓厚氛围；其三，通过演讲比赛帮助学生树立正确的法治观念，培育学生的尚法精神，全面提升大学生的法治素养。

主办单位：××大学

承办单位：××大学××学院

活动时间：略

活动地点：略

活动参与对象：全校学生

报名方式：网络下载填写报名表，以学院为单位提交参赛报名表。

比赛赛制：其一，采用淘汰制。视参赛选手人数，每四人分一组，按“四进一”规则进行选拔，晋级者进入决赛。其二，决赛时，根据选手演讲最后得分高低依次排名，取前三名颁发奖状和奖品。

前期准备：其一，活动策划筹备；其二，召开部门会议，商议活动相关事项，安排好各项工作负责人，并邀请评委老师和学校领导参加活动；其三，内部行文、传单、海报、学校内网发布消息；其四，收集报名表，编制参赛人员名册，随机分组，布置会场，检查现场设备设施完好情况；其五，与学校保卫处、学生会、医务室等沟通协调，共同做好相关保障工作。

活动流程：其一，现场签到，组织选手候场和观众进场；其二，主持人介绍到场嘉宾和比赛规则，并宣布演讲比赛正式开始；其三，学校领导上台发言；其四，主持人宣布参赛选手名单和上台顺序；其五，参赛选手依次上台进行演讲，演讲结束后，由评委提出问题，参赛选手进行回答，后一名选手演讲结束时，主持人宣布前一名选手得分情况；其六，最后一位选手演讲完成后，工作人员进行得分统计和排名，为争取工作时间，可现场组织法律知识答题与观众互动；其七，主持人宣布比赛成绩，由到场领导给前三名获奖选手颁奖；其八，主持人宣布演讲比赛结束。

比赛要求：第一，着装得体，举止大方；第二，语言流畅，发音标准；第三，演讲内容紧贴主题，相关观点符合新时代中国特色社会主义法治理论；第四，全程脱稿演讲；第五，时间8~10分钟。

评分细则：采用100分制。思想内容40分；着装举止、精神面貌20分；语言发音、感染力20分；动作表情10分；评委印象10分（为便于工作开展，具体分值可视情况细化，并制定评委评分表格）。

第三，举办法律知识竞赛。组织法律知识竞赛，能够调动广大学生学习与竞赛主题相关法律知识的热情，提高学生对相关法律知识的掌握、运用能力。从活动组织方来看，这不仅是法治素养教育的一种配合活动和促进手段，同时也能够为掌握参赛对象的法治素养情况提供参考。由于法律知识自成体系，比起一般的文化知识又稍显晦涩和枯燥，所以在举办法律知识竞赛时要选定范围，所涉及的法律知识也要尽量与大学生的生活相关，所出题项的题干最好与大学生有直接或者间接联系。在法律知识竞赛开始之前可利用校园网络平台进行预热，在官方网站或是微信平台公布一部分试题内容进行网络答题，以此引起学生关注，也能够以学生网络答题结果作为现场出题难易程度的参考。通过预热之后再组织学生进行最后的现场答题。

大学生宪法知识竞赛方案（示例）

活动主题：弘扬宪法精神，保证宪法实施

活动目的：加强宪法学习宣传教育，促进广大学生学习宪法知识、遵守法律规定、树立法治观念、维护宪法权威。

主办单位：××大学宣传部

承办单位：××大学思想政治理论课教学科研部及法学院

协办单位：××大学学生会

参赛对象：全校学生

时间：略

地点：略

分工安排：由宣传部、思政部及法学院教师、校团委和学生会有关成员组成，宣传部负责对整个活动策划、宣传、组织、现场秩序维持、经费申请、预算编制、物资采购等事务的管理和安排；思政部及法学院教师负责竞赛问卷、程序、赛制设计和结果统计；校团委、学生会负责与各学院的联络协调。

评委组成：其一，此次竞赛主席由法学院××院长担任；其二，本次竞赛由宣传部×××、思政部×××、校团委×××、校学生会×××、法学院老师×××等担任评委；其三，本次竞赛评委会将本着公开、公平、公正的原则作出评判。参赛选手如对大赛结果有意见或建议，可以在现场向大赛组委会提出，或者在竞赛结束后向宣传部、思政部、法学院反映。

大赛规则：

其一，竞赛内容分为必答题、抢答题、风险题、自救题四个部分，题型分为选择题、案例分析题两种。

其二，每个参赛队基础分为100分，按答题成绩进行加减，动态分值可为负值。

其三，必答题共××题，每队5题，每题分值为10分，答题时间为15秒，各队轮流作答。每队3名队员按照座次顺序轮流答题，要求独立作答，队员不得提示或补充，观众不得提供帮助，每题答对加10分，答错或答题超时不加分也不扣分，答题分值分别计入选手个人成绩和所在队总成绩。

其四，抢答题共××题，每题分值为10分，答题时间为20秒，在主持人读题期间就可进行抢答，答对加10分。在抢到题后，5秒内不能作答或作答超时、答错，扣10分。参赛队如3次抢到题后不能回答或回答错误的，取消该队抢答资格。

其五，风险题共××题，各参赛队在主持人宣布题目前同时押分（有10分、20分、30分三种类型），然后由各队轮流回答。回答时，由一人主答，同队队员可做补充。风险题属必答性质，不可跳过，答题时间为30秒，答对加相应分值，答错、不答的扣除相应分值。

其六，自救题题型为案例分析题，共×题，题目内容事先隐藏，只显示题号。每队只有一次自救机会，分值为30分或更多，各队自主选题。答题时，由积分最低的队先选题并回答，一人主答，其他队员可做补充。

奖项设置：

其一，设个人奖和组织奖。

其二，个人奖：设最佳答辩手三名（个人得分数前三名）。

其三，组织奖：设一、二、三等奖各一名（依团体总积分排名得出）。

第四，开设法治选修课程。当前，一些高校结合自身文化氛围营造和人才教育方向的考虑，尝试引进并实践博雅教育理念，为实现大学生素质的全面发展，灵活机动地开设博雅课程。博雅课程中，一种重要的形式，就是突破专业和学院的界限，立足文化、精神、生活等层面，为学生开设形式多样的选修课，这些课程原则上不算作学生的学习任务，但能够为学生能力素质的教育提供有益的补充。在提升大学生法治素养的过程中，可以将法律知识和法治理论作为大学生博雅课程的设定内容，从法治素养教育的视角积极开发选修课程，并根据非法学专业大学生学习生活的特点规律，结合本单位实际，量力而行，对法治素养教育选修课程进行有针对性的选择和系统编排设计，使其成为提升大学生法治素养的辅助手段。

法治素养教育选修课程可以从三个方面设计：一是与精神文化相结合。在各类文化交流活动、文化作品赏析中融入法律知识，传递法治理念，例如，利用大学生爱看电影、热衷体育赛事等，以“经典电影中的法律文化”“热门赛事中的法律关系”“经典文学作品中的法治精神”等为主题，开设选修课程，在学生喜闻乐见的体育、文化载体中传播法律知识，辨析法律关系。二是与现实生活相结合。尽管法律知识能够较好地指导学生的社会生活，法律能够较好地保护学生在社会交往中的个人权益，但单凭必修课程中的法律知识，还难以在深度、广度和实用性上满足学生的需求，因此，将法律知识与学生的生活行为相结合，开设选修课，能够深入学生生活深处，突出法律对学生行为的指引作用。例如以“社会生活中不得不知的法律知识”“网络购物中不得不防的法律陷阱”“电信诈骗中的伪法律逻辑”等为主题，开设选修课程，更加紧密地促进法律与学生生活的结合，让法律知识和法治观念在进入学生生活的同时，慢慢渗透进思想，成为根深蒂固的行为准则。三是与学生自身发展相结合。大学阶段，学生对于法律知识的深度需求集中在学生自身发展方面，特别是兼职、就业、合同关系、职业行为中的法律知识，是学生关注程度最高的内容，在公共课程或必修课程无法对这部分内容全覆盖的情况下，可以通过选修课程进行补充或深度解读，例如以劳动关系中的法律重点、创业中的法律知识、职场中的法律责任等内容为主题，开设选修课程，能够更好地响应学生的关切，进一步丰富学生的法律知识，提升法治素养。

第五，组织法治主题艺术作品评比展示。以具体的法治内容为主题，以新媒体资源、新网络平台为基础，结合传统艺术手段和新型艺术形式，面向师生广泛开展书画、摄影、音乐、微电影、话剧、小品、相声等艺术作品的征集。一方面，通过学校文化广场、文化节、文艺演出等时机进行集中的展示或展演，在学生喜闻乐见的艺术作品和文化活动中展示法治主题。另一方面，可以将征集过来的作品集中进行数字化处理，上传到学校网络宣传平台，进行持续的展示与宣传。另外，还可以组织专家评审，对征集的法治主题艺术作品进行评比，进行适当的奖励，并推荐参加更高层次的比赛活动，扩大作品的影响力。通过艺术作品的评比展示，既可以让艺术作品为更多学生所熟悉，作品中蕴含的法治观念、法律知识为广大学生所了解，还可以对从事法治主题艺术创作的学生予以激励与肯定，激发其更大的创作热情，使个人的艺术才华和聪明才智更好地为提升大学生法治素养服务。

三、社会支持：形成提升大学生法治素养的强大合力

大学生是建设法治社会的重要力量，也必将成为法治中国发展的主力军。无论是社会普法教育效果，还是公民法治素养水平，大学生都占有不可替代的地位。因此，大学生法治素养的提升，社会力量的影响和推动不可或缺，换言之，大学生法治素养的提升，并非学校与学生的一家之责，社会力量也应当积极为提升大学生法治素养提供支持，作出贡献。

（一）提高司法公信力

习近平总书记强调，要努力让人民群众在每一个司法案件中都感受到公平正义，所有司法机关都要紧紧围绕这个目标来改进工作，重点解决影响司法公正和制约司法能力的深层次问题。他还指出，要坚持司法体制改革的正确政治方向，坚持以提高司法公信力为根本尺度，坚持符合国情和遵循司法规律相结合，坚持问题导向、勇于攻坚克难，坚定信心，凝聚共识，锐意进取，破解难题，坚定不移深化司法体制改革，不断促进社会公平正义。

1.加强司法信息公开

习近平总书记在中央政法工作会议上强调，要坚持以公开促公正、以透明保廉洁，增强主动公开、主动接受监督的意识，让暗箱操作没有空间，让司法腐败无法藏身。公平正义不仅要实现，更要“以看得见的方式”实现。人民法院以信息技术为支撑，构建起开放、动态、透明、便民的阳光司法机制，司法公开达到前所未有的广度和深度。如同阳光是最好的防腐剂一样，公开透明是司法公正最好的保证。司法机关和有关部门要加强司法活动事前、事中、事后的公开，例如行政执法范围依

据和惩罚结果的公开、重要敏感案件审判过程的依法公开、政府工作信息的合理公开等。实践证明，主动公开比被动公开更有说服力，事前公开比事后公开更有信服力，全面公开比部分公开更有约束力。通过信息公开，让司法权力和司法过程主动接受法律监督、社会监督、舆论监督，打消百姓的疑虑与偏见，也不给别有用心、煽风点火的人有可乘之机。

随着中国裁判文书网、中国审判流程信息公开网、中国执行信息公开网、中国庭审公开网四大平台的陆续建成运行，司法案件从立案、审判到执行，全部重要流程节点实现信息化、可视化、公开化。2021年全国法院网上立案1143.9万件。截至2022年9月，中国庭审公开网累计直播庭审2000余万场，访问量超过500亿次；中国裁判文书网累计公开裁判文书1.3亿余篇，访问量超过900亿次。

2.全力纠正冤假错案

习近平总书记曾多次引用英国哲学家培根的一段话，一次不公正的审判，其恶果甚至超过十次犯罪。因为犯罪虽是无视法律——好比污染了水流，而不公正的审判则毁坏了法律——好比污染了水源。如果司法这道防线缺乏公信力，社会公正就会受到普遍质疑，社会和谐稳定就难以保障。曾经一段时间内，人民群众，包括大学生对司法机关和司法行为不信任，一个很大的原因，就是冤假错案的存在，以及有关部门为了自身利益，对冤假错案遮遮掩掩，以一个错误去掩盖另一个错误，以一个谎言去粉饰另一个谎言，最终导致问题越来越严重，群众基础越来越薄弱。冤假错案的发生，有历史的原因，也有体制上的原因，属于已经发生的，要坦诚面对，果断改正，还当事人一个公正，给法律一份正义，在纠正错误行为、弥补过错损失的同时，还要对那些玩忽职守、徇私枉法的人进行严厉的打击。同时，还要从制度机制上加大对冤假错案的防范，大力推进办案质量终身负责制、法官责任制，改进司法机关绩效评价机制，以及加强执法、审判过程中的内部监督、社会监督、舆论监督等，杜绝故意为之的土壤，筑牢全程防范的堤坝，健全事后追责的措施，最大限度减少冤假错案的发生，以公正的执法换来海晏河清，赢得群众的信任。

近年来，为防范和纠正冤假错案，公安部发布《关于进一步加强和改进刑事执法办案工作切实防止发生冤假错案的通知》等文件，深化错案预防机制制度建设，完善执法制度和办案标准，强化案件审核把关，规范考评奖惩，从源头上防止冤假错案的发生。司法部发布《关于进一步发挥司法鉴定制度作用防止冤假错案的意见》，全面加强司法鉴定管理，进一步规范司法鉴定活动。最高人民检察院发布《关于切实履行检察职能防止和纠正冤假错案的若干意见》，严把事实关、程序关和法律适用关，健全检察环节错案发现、纠正、防范和责任追究机制。最高人民法院发布《关于建立健全防范刑事冤假错案工作机制的意见》，规定对定罪证据不足的案件应当依法宣告被告人无罪，确保无罪的人不受刑事追究。各级法院依据事实和法律公正审判，并对冤假错案进行依法纠正。2013年以来，全国法院通过审判监督程序依法纠正65起重大刑事冤错案件，改判129名原审被告人无罪。2023.2.21，最高人民法院发布《中国法院的司法改革（2013—2022）》白皮书，公布了这组数据。

3.改进司法工作作风

司法机关在作风上脱离群众，也必将导致群众对其的信任度打折。大学生在学习生活中，跟司法机关的接触机会并不多，很多观点都是道听途说，来自亲戚、朋友的口口相传。曾经一段时间，门难进，脸难看，事难办，成为某些司法机关或者权力部门的代名词，一些机关和部门对待群众时高高在上当官老爷，对待工作推推躲躲当甩手掌柜，在位不作为，有权乱作为，让群众深恶痛绝，严重影响了司法机关本身和司法活动的公信力。近几年，党和政府全力改进工作作风，各级机关服务群众、务实工作的作风有了很大的起色，但懒政怠政的做法还时有发生，一些机关尽管门好进了，脸好看了，但事还是难办，奇葩证明、踢皮球现象等时有出现，以前的“管卡压”演变成了现在的“推绕拖”，说到底，还是服务人民的心态没有摆到位，工作业绩的评价标准没有卡到实。在改进司法机关工作作风上，必须以为人民服务为宗旨，始终为了人民、依靠人民、造福人民，才能真正提高自身的威信，为法治社会创造良好的环境，让广大大学生在司法机关务实的作风、良好的形象中，感受到法治的进步，享受到法治的成果，体会到法治的重要，从而更加信任法律，依靠法治，自愿为法治建设贡献力量。

（二）构建法治舆论环境

要健全普法宣传教育机制，各级党委和政府要加强对普法工作的领导，宣传、文化、教育部门和人民团体要在普法教育中发挥积极作用。普法宣传教育机制中一个重要的内容就是要由政府主导，各执法机构（部门）承担，利用各种类型的舆论宣传平台，构建系统完备、分工明确的法治舆论环境。全民普法成效的取得，需要各级政府职能部门，按照“谁执法谁普法”的要求，加大对普法工作的领导部署、改革创新，其中重要的一环，就是要加强对舆论环境的管理与监督，铲除非法信息，惩治违法行为，净化舆论空间；加强舆论监督，校正舆论方向，树立法治导向；把握工作主动权，坚持公开透明，妥善处理突发舆情。

1.依法净化舆论空间

大学生对新鲜事物感兴趣，善于运用新技术新媒体，热衷于表达自己的意见，是受舆论环境影响最广泛的人群之一。新型媒体、新的宣传方式的不断涌现，特别是微博、微信、直播平台等自媒体平台的普及与运用，促进了信息便捷、高效流通的同时，也为一些非法信息的出现与流传提供了空间，若不加以甄别和管控，势必对舆论环境造成污染，对大学生法治素养的提升产生负面影响。特别是各种舆论介质中出现的涉及色情、赌博、毒品、暴力、欺诈等信息，对大学生的影响十分深远，有的学生甚至直接成为这些非法信息的受害者。构建法治舆论环境的首要任务，就是要给各类舆论平台扎紧法治的笼子，各级宣传文化主管部门、舆论监督部门、舆论从业部门，要不断完善监管机制，明确管理责任，既要加大对舆论环境中已发现的违法犯罪行为的查处惩治，又要加强对新出现舆论信息的规范监督管理，严把信息入口，依法全面筛查，及时删除非法信息，还要加大对各类网站、论坛、博客、微信、公众号、直播平台等的全程监督，及时取缔非法机构，制止违法失范行为，确保各类舆论平台都在法治的规范下运用，各类舆论信息都在法治的框架内流传，营造干干净净、清清爽爽的舆论环境。

2018年2月7日，公安部召开电视电话会议，部署全国公安机关从即日起至12月底开展打击整治网络违法犯罪“净网2018”专项行动。按照“追源头、摧平台、断链条”的要求，紧紧抓住群众反映强烈的侵犯公民个人信息、黑客攻击破坏以及“黄赌毒”“枪爆盗”“黑拐骗”、组织考试作弊等违法犯罪，进一步强化侦查打击，集中侦破一批大要案件，打掉一批违法犯罪链条和源头。

2. 树立法治舆论导向

坚持正确舆论导向，高度重视传播手段建设和创新，提高新闻舆论传播力、引导力、影响力、公信力。加强互联网内容建设，建立网络综合治理体系，营造干净的网络环境。落实意识形态工作责任制，加强阵地建设和管理，注意区分政治原则问题、思想认识问题、学术观点问题，旗帜鲜明反对和抵制各种错误观点。

首先，要制定统一的法治舆论标准。在同一标准的规范和指导下，以传播法治理念、普及法律知识为目的，合理利用舆论媒介，借助合适的新闻事件，组织好系统的舆论宣传活动，宣传好先进的法治典型模范，发挥好舆论宣传在方向把控和工作指导上的作用。

其次，要突出主流媒体的导向示范作用。由政府主导的主流媒体，包括报纸、广播电视、期刊和官方网站等，有专门的管理机构，有规范的审核制度，有严格的信息准入机制，有规范的从业标准和工作流程，在学生中享有良好的声誉，在信息发布和传播上具有绝对的权威性和可信度，合理借助这些宣传资源，并促进其与高校宣传资源的整合，共同为大学生法治素养教育宣传造势，能够提高学生对法治素养教育作用、地位的深入认识，对国家政策、法规的及时掌握，对热点、敏感问题的正面认知，为大学生的法治素养提升起到积极的引导和推进作用。

最后，要及时校正舆论偏差。法治舆论导向要与政治、道德、审美等内容相结合，及时敏锐地发现各类舆论消息在立场站位、价值观念等方面的偏差，并采取适当的形式予以纠正，避免谣言和不实信息滋长流传，更要防止不明真相的群众，包括大学生盲信盲从，或借助谣言、敏感事件进行情绪宣泄。

3.妥善应对涉法舆论事件

涉法舆论事件，如果不加以正确引导，任由错误或偏激信息肆意流传，将会导致事态升级，性质扭曲，对法治素养教育和个体法治观念的负面冲击作用将远远超过舆论事件本身。因此，对于涉法舆论事件，特别是事先未做应对准备的突发事件、敏感问题，要高度重视。

首先，要把握工作主动权。引发普遍关注的涉法事件，一般都具有较大的社会普遍性，很容易挑动群众敏感神经，加上一些媒体因追求宣传效果，在未经核实的情况下仓促报道，各类媒体平台追求自身利益，未经调查核实，盲目转载转评，有的甚至在事件经过上藏头露尾，在标题导语上大做文章，制造轰动效果，致使舆情扩散，造成大范围的负面影响。面对这类问题，舆论主管部门应把握工作主动，早发现、早介入、早核实，及时应对群众质疑，不回避，不躲闪，以真实、负责的态度，尽快发布权威消息，迅速占领舆论制高点，避免负面舆情扩散蔓延。

其次，要公开透明处理。面对涉法敏感事件，舆论主导方要始终本着求真务实的态度应对各方质疑，靠及时、真实、客观的消息来打消群众疑惑，靠公开、公正、透明的实际行动来赢得群众信任，消除不实或错误消息造成的负面影响。公开透明不仅是在涉法敏感问题中赢得主动权的有效手段，也是法律法规的明确要求，《中华人民共和国突发事件应对法》规定，有关单位和人员报送、报告突发事件信息，应当做到及时、客观、真实，不得迟报、谎报、瞒报、漏报。坚持公开透明地处理涉法敏感问题，本身就是遵法守法的一次很好示范。

最后，要把握好管控程度。舆论管理部门在管控突发舆情时，要全局统筹、全面分析，整个过程中，既不能缺位，也不能越位。所谓缺位，就是反应迟缓，听之任之不作为，任由舆情扩散，问题升级；所谓越位，就是为了控制舆论或安抚群众，仓促透露底线，过早给出承诺，最终在舆论形势发生变化，或事件真相出现逆转时，工作陷入被动，问题陷入僵局，引发深层次的信任危机，导致事态反弹，舆情升级。只有把握好问题处理过程中的轻重缓急程度，才能在事件处理过程中，塑造尚法负责的良好形象。

（三）社会普法资源向高校导入

党的十八届四中全会后，中央宣传部、司法部《关于在公民中开展法治宣传教育的第七个五年规划（2016—2020年）》出台，各省、市的具体规划和配套措施也相继制定，各级党委和政府不断加强对普法工作的领导，宣传、文化、教育部门和人民团体在普法教育中发挥着重要的作用，全国范围内都在推行国家机关“谁执法谁普法”的普法责任制，建立普法责任清单，还相继建立了法官、检察官、行政执法人员、律师等参与普法宣传制度机制，在执法、司法实践中广泛开展以案释法和警示教育，特别是针对一些敏感程度高、人民普遍关注的大案要案，通过微博直播庭审，电视、报纸、网络媒体集中报道，使果断纠正冤假错案的过程以及案件审判、行政执法、纠纷调解和法律服务的过程，成为向群众弘扬法治精神、普及法律知识的重要时机。各基层政府和人民团体还创造性地开展法治宣传教育工作，通过集中教育与经常性教育相结合，尝试开展进机关、进乡村、进社区、进学校、进企业、进单位的“法律六进”主题活动，社会普法活动呈现出良好的发展势头，取得了一系列务实的教育成果。将这些现有的普法资源，以及结合实际开发利用的普法资源向高校导入，将在提升大学生法治素养上起到积极的促进作用。

1. 建立社会普法资源向高校导入机制

社会普法资源有效导入高校，为高校法治素养教育服务，需要在制度机制上解决三个层面的问题。

一是信息交互机制。由于社会普法与高校法治素养教育的平行发展，导致社会普法对高校的需求不了解，高校法治素养教育对可利用的社会资源不掌握，双方在对接过程中存在盲区。要建立双方的信息交互机制，动态统计，切实能通报双方软硬件资源的数量、运行情况、主要功能、服务对象，还包括普法教育的专业人才数据库，重要的普法政策、文件规定、活动组织等情况，使双方全面掌握彼此教育资源底数，为开展相关活动提供参考。

二是物质保障机制。不同的普法部门存在着职能分工、行政隶属和经费保障上的不同，向高校导入普法资源时，彼此之间将出现体制上的阻碍。要进一步明确各级普法资源为高校服务的职能任务，并解决好经费支持问题，纳入财政预算，同时广泛争取民间财力支持，为社会普法资源进入高校提供物质保障。

三是双向协作机制。社会普法宣传一般都是依托专业法学研究，执法机构和普法场馆、基地等建设，例如通过法院、检察院、律师协会、监狱、反腐倡廉基地等，结合自身工作和专业优势，开展普法宣传活动，在活动形式和内容上具有一定的局限性，在为学校提供法治资源的同时，其自身也需要学校丰富教育资源的帮助，因此，要鼓励学校与具体的社会法治素养教育单元建立双向协作机制，双方互通有无，互利互惠，双向互动，共同提升法治素养教育资源的效能，促进双方教育和发展目标的实现。

2. 完善社会普法资源向高校导入途径

对于高校法治素养教育而言，社会资源尽管不为我所有，但可以实现为我所用。不同层次的普法资源，都可以为高校法治素养教育提供帮助。

一是政府普法资源主导。由相应级别的政府部门统一部署，在普法宣传的计划制定和活动安排中，有计划地将普法资源向高校输入，将社会普法活动依托高校开展，带动高校法治素养教育与社会普法宣传的对接，逐步实现现有普法资源的及时沟通与共享。

例如，2017年4月20日，最高人民法院第二巡回法庭“庭审走进法学院·第三季”来到吉林大学，开庭审理一起股权转让纠纷再审案件。校内外学者、律师、研究生和本科生代表共300余人旁听观摩庭审。身临其境让广大师生倍感法律的庄严和肃穆，也从中学到第一手的法律知识。

又如，长沙市中级人民法院于2016年开展了一系列“庭长公开课”巡回公益讲座，作为深化“长沙法官为您送上一点建设”活动的新形式，分别进入了湖南第一师范、湖南师范大学、中南林业科技大学等高校，由理论功底深厚、实践经验丰富的法官现场延伸法律服务、传播法治精神、讲解法律实务中疑难点问题，让广大师生受益匪浅。

二是公益普法资源配合。社会公益性力量在政府的倡导和支持下，出于自身的公益服务宗旨、建设发展需要等，会利用自身优势，在某一领域或某时段进行法治宣传教育，这些公益机构在法治素养教育和宣传时具有参与程度较高、方法灵活机动、操作简便易行等特点，适当利用这些公益组织和公益平台，或者主动邀请这些公益组织和平台进校园，为学生提供就业、生活等方面的服务，或直接进行心理咨询和法律服务的同时，能够发挥自身优势，为学校法治素养教育提供力所能及的服务。

三是其他普法资源补充。其他社会力量，包括从事商业服务的广告行业，个人经营维护的自媒体平台，为学校提供餐饮、通信等业务的服务单位，通过引进前的合同约定、经营中的合理干预、邀请商业项目合作、单独支持等方式，可以利用自身经营场地和资源优势，适当为高校法治素养教育提供支持与服务。

四、家庭助力：发挥家庭在大学生法治素养教育中的重要作用

（一）提高家庭成员的法治意识

随着《中华人民共和国家庭教育促进法》的出台，父母作为孩子的第一任老师，应该做好家庭教育的责任，为孩子提供良好的家庭教育环境，促进他们的身心健康发展，使整个社会更加重视家庭、家教、家风的法治观念，家庭成员的法治意识的养成已经越来越重要。要想提高大学生的法治素养，就必须提高家长的法治意识，家庭成员的法治意识会在潜移默化中对学生的法治意识发挥作用。家庭成员要在多方面加强对自身法治意识的教育，比如，能够自觉地展开对孩子的法治素养教育，在家庭教育过程中，父母既是教育者，也是受教育者，他们可以通过自主地学习法律知识，来提升自己的法律知识水平，将自身所学的法治知识再传授给孩子。还可以呼吁一家人多关注法治节目，共同收看法治新闻、法治案例，注意网络法治舆情等，警惕一些违法犯罪的陷阱，摒弃愚昧无知、无视法律的理念，时刻提醒自身的行为举止要在法律允许的范围内进行。

家庭、社会、高校是培育大学生法治素养的三大中坚力量。要想提高家庭成员的法治意识，社会和高校也要一同开展爱国主义教育、素质教育和法治素养教育等主题活动，协同开展系统性、针对性和实效性的法治素养教育活动，可以开展“法治课堂进社区进家庭”法治宣传活动，建立法治实践基地，帮助家庭成员形成良好的法治意识，把握法治素养教育的关键，心存对法治的敬畏，争做法治素养教育的启蒙者、法律知识的传播者，主动撑起一片法治蓝天，加强培育大学生的法治素养。

（二）发挥家庭教育主体行为规范的导向作用

家长要以榜样的力量，把法治观念传递给孩子，以身作则，树立正确的法治观念，增强孩子的法治意识和法律知识，激发孩子对法律的兴趣，发挥家长的模范带头作用，强化法治素养教育引导，让孩子在良好

的家庭环境中成长，即家长的社会行为会对孩子的社会行为产生引领作用。有道是“蓬生麻中，不扶自直”，家庭是一个孩子从出生到长大成人的地方，它提供了孩子最基本的生活环境，同时也是孩子最初的学校，家庭对大学生的影响是深远的，为了更好发挥教育主体行为规范的导向作用，家长应采取以下方式提升大学生的法治素养。

第一，家长应积极转变教育观念，加强对孩子的法治素养教育，许多家长认为孩子进入大学后，法治素养教育的任务是高校教师的，跟家长没有任何关系，但事实并非如此。大学生上了大学以后，虽然不住在家里，但总是与家人保持着联系，父母的教育观念对大学生的影响是实时的，而且家长是最了解大学生性格的人，对学生的法治素养教育会更加有的放矢。家长及时更新教育理念，在与子女的日常互动中，加强对子女的法治素养教育，有助于提升大学生的法治素养。

第二，父母要遵守法律，给孩子做好表率，父母要用法律的标准来约束自己的行为，并起到带头作用，为孩子树立良好的榜样。家长对子女言行举止会产生一定影响，家长要积极地参加社会的法治实践，关心国家的时事政治，引导大学生参加法治实践，培育其法律意识、权利义务意识。

第三，父母积极学习其他家庭法治素养教育的成功经验，积极学习法治素养教育相关的知识、技巧以及信息交流平台上进行经验分享等方面的内容。通过以上的学习，对孩子进行法治素养教育时，才能更具科学性和有效性，提高改正子女不当行为的能力，并鼓励子女独立处理日常生活中遇到的法律问题，引导子女利用法律维护自身的合法权益。

（三）营造富有法治气息的家庭氛围

孟母三迁，只是为了让孟子有更好的学习环境，将孟子教育成一代大儒。家庭是大学生成长的一个主要场所，家庭中的法律氛围的好坏对大学生进行法治学习的效果有很大的影响，因此父母要积极开展家庭法律素养教育，重视家庭法治氛围的形成，帮孩子扣上人生的第一颗法律扣子，帮助大学生形成良好的法治素养。

第一，构造和谐的亲子关系是营造良好家庭法治氛围的基础，也是使家庭法治素养教育得以顺利开展的一个重要保证。父母要与自己的孩子保持频繁的交流，经常关心他们的身心健康问题，对他们的心理问题进行及时的疏导，为孩子排忧解难，这种方式不仅可以拉近与父母的距离，还可以让孩子能够合理地使用法律来解决纠纷。

第二，家长要摒弃重智轻德的错误理念，我们既要重视大学生的学习情况，又要重视对大学生的德行进行教育，强化对大学生的家庭品德教育，从而推动孩子的品德形成，鼓励大学生尊重法律，做一个守法的好公民。家长应加强自律，以高尚的道德修养对子女进行滋养和教化，更要重视家庭和睦，给大学生营造一个温馨的家庭氛围。

第三，家长应该将法治元素融入家风家训中，带有法治元素的家风家训有利于构建民主、公正、和谐的家庭氛围，是培育大学生法治人格的关键。此外，家长应利用多种教育方式，经常性组织开展丰富多彩的家庭法律活动，如亲子法律沙龙，法律宣传家庭日等活动，为大学生创造一个充满法律气氛的家庭环境。

五、自我教育：发挥大学生自我教育的主体功能

（一）在理论学习中增长法治认知

大学生是最有活力和朝气的年轻群体，他们生活在最具有理论前沿的大学校园里，大学生受到过大学系统的文化教育。社会主义法治中国的后备人才，只有拥有充足的法治理论知识，对法治的知识进行了进一步的积累，这样才能对法治所具有的重要内涵和价值理念有更深的了解，从而在总体和高度上对法治进行了把握，从而提升自己的法治素养，因此大学生必须认真进行法治理念的学习。

首先，大学生应当主动自觉地学习法律知识与理论，珍惜并充分利用身边的各种教育资源，经常进入图书馆，对宪法和宪法性法律进行深入研究，对国家制度的基本内容、公民的基本权利与义务、国家权力运行的规则有清晰的认识，从而提高对法治知识的广度与深度。

其次，大学生要充分利用图书、报刊、文献等资料，对习近平法治思想进行深入研究，以便能够吃透其基本精神、把握其核心要义、明确其工作要求，把社会主义法治理论的认识融入自己的认识中，从而形成自己的法治价值体系，更好地将其融入我国的法治建设中，并在我国的法治建设中发挥积极作用。

最后，大学生应该结合自己的专业需要，加强对与本专业相关的法律法规、规章制度的学习，还可以利用三微一端平台学习与自己生活密切相关的法律，关注时下最具代表性的公众号、抖音等平台推送的法治新闻，可以使自身处于秩序状态，对自己的有关行为是否符合法律规定的范围进行明确，并持续强化自己的法律基础知识，用法治知识武装头脑，提升个人法治素养。

（二）在人格教育中坚定法治思维

作为新时代的大学生，既要拥有坚定的政治信念，又要拥有崇高的道德品格，更要拥有专业知识，还应拥有健康而稳健的法治人格，法治人格是一种将法治精神内化为自身稳定的心理品质，是社会法治精神在人身上的内化表现。要想拥有健康稳定的法治人格，就必须拥有坚定的法治思维。法治思维指的是一种以法律至上等法治精神和原则为基础，对问题进行思考、分析和解决的一种思维方法，以讲法律、讲证据、讲程序、讲道理为特征。在法律实践中，人们不能简单地将外界的信息进行机械的复制，而要将其重新组织和创新。

在现实情况中，大学生在人格培育过程中很容易出现心理过于敏感、认知出现偏差等情况，法治思维可以在培育人格时能够坚定自我，修正错误的观念。此外，大学生很容易形成拜金主义和享乐主义的性格，而坚定的法治思维可以克服内心的欲望，学会理性合法地看待周围的事物，不让自己走入歧路。另外，大学生年纪轻、做事不谨慎，很容易形成急躁的人格，法治程序思维能够让大学生养成按照既定程序办事，脚踏实地地处理问题，改掉急躁办事的习惯，变得沉着冷静。大学生由于社会经验少，经常会遇到不公平的事情，当个人权益受到侵犯的时候，要学会运用法治思维来处理问题，运用法律来维护自己的合法权益。因而大学生养成坚定的法治思维，不仅仅有利于培育健全的人格，更能有效地提升大学生的法治素养。

（三）在生活实践中锻炼用法能力

法治思维的形成过程中，最重要的就是法治实践，任何思维的培育都与实践密不可分。大学生要想在人格培育中坚定法治思维，必须尽快加入社会实践，进行社会法治调研，在此过程中，可以积累解决法律问题的经验，逐步形成稳固的法治思维，提升自己的用法能力。

新时代大学生要积极参加法治实践活动。在校园里，大学生要积极参加丰富多彩的法治素养教育活动，开辟第二课堂，参加学生会和社团组织的法治实践活动，提高处理法律事件的能力。在校园外，大学生应该利用周末及法定节假日等业余时间，建立一个法治兴趣小组与法治实践小组，采取小组讨论、走访调研等方式，对相关的法治问题展开深入的研究，并参与到法治实践中去，积极参加社区组织的法治志愿宣传活动、社会法治公益活动，争做普法宣讲小助手，在具体的法治实践中锻炼依法维权的能力和法治思辨能力。大学生还可以利用寒暑假报名参加公检法司等国家有关部门和律师事务所等社会法律职业团体组织的实习活动，学习先进法治做法，总结成功的法治经验，在实践中强化法治意识，提高自身的用法能力。

（四）在现实反思中加强法治敬畏心

当前部分大学生还存在不学法、不知法，对法律缺乏敬畏之心的现象。往往不顾法律法规，违法犯罪，大学生要不断地总结，不断地进行自我反思，明事理，知敬畏，尊重法，守法用法，才能提升自己的法治素养。

首先，对法律和纪律这条“红线”要有敬畏之心。法律制度是规范个人言行的准则，绝不可亵渎和逾越，否则就会失去自我，走向违法犯罪的道路，最后被法律制裁。我们要时刻对法律有一颗敬畏心，遇事时，就会三思而后行，才能自觉地遵守法律。所以，“敬畏心”不只是一种态度、一种观念，而是一种生活的智慧。

其次，要敬畏法治精神，国无法不治，民无法不立。作为新时代大学生要自觉做到理性、平和、文明、尊重法治精神，增强法治观念，带头学习法律、敬畏法律，为其他社会公民起到表率作用，只有人人守法纪，凡事依法纪，社会才会得以安定有序，经济也会越来越向前发展。

最后，要有法治信仰，敬畏不是害怕，而是从心底深处产生的尊重，更是对自身的基本约束和自我修正。在生活中，大学生要对法治心存敬畏、崇尚规则意识，将一种外部的强迫性法律权力转化为一种内心自发的精神信仰。只有发自内心地拥护法治，才能在追求法治信仰的过程中不断加强个人法治意识、追求公平正义，使法治深入人心，内化于心、外化于行，从而提升自己的法治素养。

图书在版编目（CIP）数据

大学生法治素养教育研究 / 彭芳梅著. -- 湘潭 : 湘潭大学出版社, 2024. 8. -- ISBN 978-7-5687-1512-6
Ⅰ. D920.4; G641.5
中国国家版本馆 CIP 数据核字第 20240T5K45 号

大学生法治素养教育研究

DAXUESHENG FAZHI SUYANG JIAOYU YANJIU

彭芳梅 著

责任编辑：刘文情
封面设计：张　波
出版发行：湘潭大学出版社
社　　址：湖南省湘潭大学工程训练大楼
电　　话：0731-58298960 0731-58298966（传真）
邮　　编：411105
网　　址：http://press.xtu.edu.cn/
印　　刷：长沙鸿和印务有限公司
经　　销：湖南省新华书店
开　　本：710 mm×1000 mm 1/16
印　　张：12
字　　数：210 千字
版　　次：2024 年 8 月第 1 版
印　　次：2024 年 8 月第 1 次印刷
书　　号：ISBN 978-7-5687-1512-6
定　　价：60.00 元